# BARCELONA DIARY

Roger Aplon

# BARCELONA DIARY

Traducció de Víctor Batallé

EDICIÓ BILINGÜE

TÍTOL ORIGINAL: BARCELONA DIARY
PRIMERA EDICIÓ: NOVEMBRE DEL 2000
FIRST AMERICAN EDITION: 2002

C/ HOMS, 27 ÀTIC 2ª - 08140 CALDES DE MONTBUI (BARCELONA)
ISBN: 84-607-0939-6
DIPÒSIT LEGAL: B. 36.049-00
IMPRÈS A: TREBALLS GRÀFICS, S.A.
CARRER SANTANDER, 74 - 08020 BARCELONA

@AMERICAN EDITION: BARRACUDA PRESS
ISBN: 0-9651329-1-9 (pbk)
PRINTED IN THE UNITED STATES by KNI, Inc.
ANAHEIM, CALIFORNIA

TO ORDER IN USA: ROGER APLON, 701 KETTNER BLVD. N.28
SAN DIEGO CA 92101 E-MAIL: rogeraplon28@cs.com
WEBSITE: www.rogeraplon.com

*Barcelona, repository of courtesy, shelter of strangers, hospice of the poor, homeland of the brave, vengeance of the affronted, and gracious confluence of firm friendships; in setting and beauty, unique . . .*

**Cervantes**

## Author's Note

Not one to normally keep a journal or diary, I began these entries [some poetry / some prose / some neither or both] as a way of staying in touch with my language while adjusting to a new and foreign environment . . . it was launched, innocently enough, just like that.

By the second week, I sensed something was happening which seemed to flow from itself and needed more than my casual attention. After the first month it was obvious! <u>The Diary</u> would be the work I would pursue until it no longer satisfied or had become stale in some other way.

Since each entry evolves from some specific and unique place or time, no conscious attempt was made to hone a particular philosophy nor has there been any attempt to select or identify a locus among these many events of which one could say, "Ah, Ha! that's its crux, that's Barcelona."

Rather, the visions, encounters and dreams which is the *stuff* of this work is meant to reflect Barcelona as a complex whole ['nettles and all'] at least from the point of view of this American who walked its streets for hundreds of days and came to relish its exceptional and distinct personality.

*Barcelona: Spring 1999*

## Nota de l'autor

No sóc d'aquells que acostumen a escriure un diari, vaig començar aquests «apunts» (alguns poemes / algunes proses / a voltes ambdues o potser cap) com una forma de mantenir el contacte amb el meu propi llenguatge mentre m'ajustava a un entorn nou i estranger... Així es va iniciar, d'aquesta manera prou innocent, tal com ho explico.

A la segona setmana vaig notar que es movia alguna cosa, semblava que quelcom fluïa des de dins i que calia que hi dediqués alguna cosa més que la meva atenció desvagada. Passat el primer mes ja era obvi! *El Diari* seria el projecte que perseguiria fins que s'exhaurís o per una altra banda s'assequés.

És clar que, tenint en compte que cada «entrada» es desenvolupa des d'un lloc i un temps únics i específics, he de dir que no hi ha cap voluntat de fer una filosofia particular o cap intenció de seleccionar o identificar un lloc precís entre tots aquests episodis, perquè algú pugui exclamar: «Ah, aquest senyal, aquest senyal sí que hi és a Barcelona».

Ans el contrari, les visions, trobades o somnis amb els quals aquesta *feina* està feta volen emmirallar Barcelona com un tot complex (amb tot el que això vol dir) almenys des del punt de vista d'aquest autor, un americà que ha caminat pels carrers de Barcelona i ha après a reconèixer la seva personalitat excepcional i diferent.

*Barcelona, primavera 1999*

## #1

### *Father*

*& like his kind / the pup inclines / a cheek to crack . . .*

Reflection in a pane of glass / flashed / your unexpected face / scant
breath in my better ear . . .
This day . . . this first day / arrives not / without reprieve
or so it seems:
twelve thousand miles & nine years down & just a hint
of your old smirk / to mark the time //

## #1

### *Pare*

*I m'agrada el seu parentiu / l'hereu s'inclina / una galta per trencar. . .*

Reflexions en un finestral / emmirallen / la teva cara sorpresa /
respirar curt a prop de l'orella bona. . .
Aquest dia. . . Aquest primer dia / no arriba / sense indult
almenys ho sembla:
divuit mil quilòmetres i nou anys passats i només un gest
de les velles ganyotes / per controlar el temps//

#2

*Twenty-Six March*

Our anniversary . . . our sixth / Magical, you say & who would suspect exuberance this durable / this long . . . who regards promises lost & promises found / who but we / humming our two-note tango which no neighbors need dance to . . . whirling to the center of our time as if it were amenable . . . Who? you ask & I ask . . . Who? . . . if not the two of us.

#2

*Vint-i-sis de març*

El nostre aniversari. . . El que fa sis / Màgic, dius i qui de nosaltres podia haver sospitat l'exuberància d'aquesta durada / aquesta llargada. . . Aquell que mira les promeses perdudes i les penyores trobades / qui més si no nosaltres / cantussejant el nostre tango de dues notes en el qual no calen veïns per ballar fins. . . giravoltar fins al centre del nostre temps com si fos prou agradable a qui li demanes / i jo demanar . . . a qui . . . si no als dos plegats.

#3

*Like A Ghost*

she lies in her own shadow careful to cover all her flesh except this one convulsive crooked hand which snakes from under the heap of rags that is her gown. & the sign which lies between her cane & a petty pile of coins reads something like: I am Bosnia & I have lost all of myself to war & what you see is all that you will ever see
again of me . . .

#3

*Com un fantasma*

Ella estirada en la seva pròpia ombra cobreix amb cura tota la carn excepte aquella mà torta que convulsiva surt de sota la pila de draps que és el seu batí. I el senyal que resta entre el bastó i la petita muntanya de monedes diu més o menys això: «Sóc de Bòsnia i ho he perdut tot per la guerra i el que veus és tot el que veuràs per sempre
altre cop de mi. . .»

## #4

### *Walking Around*

Tonight I saw a rich man feed a poor woman. Well, not exactly *saw*, in fact, I was sitting at a local bar sipping a glass of local wine when this man who was also sitting at this bar eating his evening meal & who, in fact, may not be rich but, in fact, appeared to be the cook or so it seemed from his dress, stopped whatever he was about & asked the bartender to give a woman (I could not see) some food from the selection displayed along the bar but the bartender had business elsewhere so the man – the cook – left his seat, walked behind the bar, sliced a selection from various tortillas & wrapped them & passed the package to someone, a woman, I think, (I could not see) who thanked him & disappeared as quickly & quietly as she had arrived.

## #4

### *Tot fent un volt*

Aquesta nit he vist un home ric donar de menjar a una dona pobra. Bé, exactament no he *vist*, de fet jo estava assegut en un bar prop de casa prenent una copa de vi del país quan aquest home que també estava assegut en el bar sopant i qui, de fet, potser no era ric, però, a primera vista, semblava que fos el cuiner, ho semblava pel vestit que portava, va aturar el que fos que estava fent i li va demanar al cambrer que li donés a la dona (jo no la podia veure) alguna cosa de menjar de la selecció en oferta a la barra del bar però el cambrer tenia altres coses a fer en un altre lloc així que l'home –el cuiner– es va alçar, va anar al darrere de la barra del bar, va tallar una selecció de les moltes truites i les va embolicar i va donar el paquet a algú, una dona, crec (jo no ho podia veure) ella li va donar les gràcies i va desaparèixer tan de pressa i tan silenciosa com havia aparegut.

**#5**

***Ice & Roses***

Her Palace glows blue & white in this afternoon light / playroom for decay . . . Petals / scattered / wilting . . . cards & greetings scattered too.

The Flower-Lady of the Ramblas . . . where roses fall to ice / as ice / to air.

**#5**

***Roses i gel***

Sota la llum d'aquesta tarda el seu Palau brilla blanc i blau / sala de jocs per a la decadència. . . Pètals / escampats / agostejats... postals i bones intencions
escampades també.

La Dama de les Flors de la Rambla. . . de qui les roses es fan gel/ com el gel/ es fa aire.

#6

*Astute*

. . . the dance of two grinning gypsy girls 'in your face' kind of raz-ma-taz & one quick hand strikes out too fast for a fair response & sure enough she got something / wallet / passport / tobacco / certainly
our ruptured pride.

**#6**

***Astut***

. . . El ball de dues joves gitanes / «davant teu» una mena d'enrenou i una mà destra dóna un cop segur i ràpid per contestar-lo i del cert ella ha aconseguit / la bossa / el passaport/ el tabac / segur
el nostre orgull trencat.

#7

*Construction Zone*

. . . between these bouts of coughing & the pounding in my head . . .

or is it the maniac with a hammer two flights up committed
to a new floor by May . . . too late to tell &

me already up the stairs in slippers & robe  / struggling
one phrase at a time, soldering my argument, nailing down,

[in a tongue not my own] the reasons for meeting your host
head to head & word for word.

#7

***Zona d'obres***

. . .Sóc entre cops de tos i cops al cap. . .

o és aquest obsés amb el martell dos pisos més amunt compromès
amb un nou terra pel pis a finals de maig. .  Massa tard per dir-ho i

jo ja pujo per les escales amb sabatilles i batí / barallant-me
una frase rere l'altra segellant les meves raons, clavant-les

[en una llengua que no és la meva] faig raons per trobar-me a l'amo
cabota per cabota i paraula per paraula.

## #8

### *Palm Sunday*

I'm sure she spoke out plainly
that wailing witch of a woman &
in no 'uncertain terms,' as they say,

this being Palm Sunday & in-his-face,
she was, right across from our
*'Catedral de Barcelona'* &

"How in hell could he do such a thing / Mock The Christ / Mock Him /
no more than two hundred yards
from His house?"

. . . & him just playing the dead /
rising chalk-faced & stiff from his small black box &
in fact, he, of all the mimes,

had the grandest stash of cash-in-the-hat &
in fact, he did not once move or twitch or blink &
who's to say, he wasn't dead & trying to rise &

who's to say, he wasn't blessed by Him Himself
to keep the faith & faithful always guarded &
on guard.

*#8*

## *Diumenge de Rams*

Estic segur que ella va parlar de manera
senzilla aquella bruixa que gemegava i
«sense_embuts», com diuen els que en saben,

aleshores en la cara d'ell era Diumenge de Rams i
ella era a l'altre cantó de la nostra
*'Catedral de Barcelona'* i

a menys de cent metres
de Casa Seva?»

. . . I ell tot just fent-se el mort /
ressuscitant la cara encarbonada i garratibat en la capsa petita, negra i
de fet, ell, de tots els mims,

ha tingut un gran botí de diners en el barret i
de fet, ell no s'ha mogut, ni crispat, ni parpellejat i
qui gosa dir que ell no era mort i volia ressuscitar i

qui gosa dir que ell no estava beneït per Ell l'Anomenat
per guardar la fe i els fidels són sempre guardats i
estan sempre en guàrdia.

**#9**

### *Voyeur*

as he kisses her & she him full & wet on the mouth their tongues flirting
in & out I notice & know I always will
their hands
casually drawn to the center & lingering as they do
his on hers & hers on his
claiming
as if by instinct
the buttocks of the other.

#9

### *Voyeur*

En el moment que ell la besa i ella el veu sencer i humits en la boca les
llengües coquetejant i fora
me n'adono i sempre ho faré
les mans
centrades amb descuit i agafades com es té per costum
les d'ell en les d'ella i les d'ella en les d'ell
tot demanant
com per instint
el cul de l'altre.

**#10**

***What . . .?***

I've been following her / from the last car of the metro up the escalator tier by tier / mesmerized by each twitch of her finely shaped hips / all the time admiring the high round curve of each perfectly formed cheek . . . & I've followed her home & on more than one occasion. *What is happening here?* I have a lover in Bilbao & another I see less frequently but never forget in Madrid. *& why now?* I've never followed anyone before . . . unless you count the time in Vienna where I lived for a few months in 1984 & where this candy maker worked across the court & dressed in those very short skirts & wore no hose & maybe nothing at all & who I followed but only occasionally from work to a park which was very dark in winter & in which I assure you nothing occurred that you could not relate but she was nice to me & I to her & the winter was long & besides it was many years ago . . .

***#10***

***Què***

L'he estat seguint / des de l'últim vagó del metro fins a les escales mecàniques nivell a nivell / bocabadat per cada pessic dels ben tornejats malucs / tota l'estona he admirat la llarga línia corba de cadascuna de les galtes... i l'he seguida a casa seva i en més d'una ocasió. Què passa? Tinc una amant a Bilbao i una altra que veig amb menys freqüència tot i que mai no l'oblido a Madrid. I per què ara? Mai no he seguit ningú fins ara... fora que es tingui en compte aquella vegada que a Viena on vaig viure per uns mesos el 1984 i on aquella pastissera que treballava a l'altre cantó del pati també vivia i portava unes faldilles molt curtes i no portava mitges i potser no portava res a sota i a qui vaig seguir però de tant en tant des de la feina fins al parc quan era molt fosc a l'hivern i en aquella ocasió deixa'm que expliqui que res va passar que no es pugui explicar però ella va ser molt atenta amb mi i jo amb ella i l'hivern va ser llarg i a més a més ... va passar ja fa molt anys.

***#11***

**#11**

## *The Visit*

. . . it was a great Good Friday & the parade never came but you did from the Balkans with your cameras & stories of war & your new inquisitive wife & we spent the afternoon leisurely tossing around a few good words & sharing tapas & wine & it was finally you & me away from the common

place to this place as if a long frontier had been crossed & it seems it was standing at the foot of Gaudi's sacred 'shrine to the family' where you said you didn't care much for churches & the family is best celebrated in private even if we never shared ours whole /

& tomorrow will find us apart. . . one to Indonesia while the other settles in to reap the last light from these long Iberian afternoons & when we meet again as surely we shall we'll try once more that ancient samba intricate & deadly sweet that tests the tenor of the terms: father / son.

*La visita*

...Va passar en un Divendres Sant d'excepció i la processó mai no va sortir però tu sí que vas sortir dels Balcans amb les càmeres i les històries de guerra i la teva nova i saberuda esposa i nosaltres vam passar la tarda tranquil·la bescanviant bones paraules i compartint tapes i vi i finalment tu i jo

lluny del lloc comú fins aquest lloc com si haguéssim creuat una llarga frontera i em sembla recordar què va passar en el peu del «consagrat monument» a la Sagrada Família, de Gaudí, allí va passar quan vas dir que no et feien ni fred ni calor les esglésies i que la família millor que es fes sagrada en privat tot i que la nostra mai no va ser consagrada/

i demà ens trobarà lluny l'un de l'altre... Un cap a Indonèsia mentre l'altre es queda a recollir la darrera llum d'aquestes llargues tardes ibèriques i quan ens tornem a trobar tornarem altre cop a intentar la vella i intricada i maleïda i dolça samba que posi a prova el més alt dels contractes: pare / fill
***#12***

**#12**

***Stowaway***

Balding / bespectacled / middle aged & deadpan he's devoted
folding page on page of his *El Pais* &
I look up from my book
to see the leg
naked to the knee
but he adjusts
his news
& she goes
behind the scene
& so it goes
metro stop by metro stop
*Liceu / Drassanes / Parallel / Poble Sec*
until he comes to his *Espana*
& there
she falls out
all the naked airbrushed flesh of her / his
*Playboy Vixen*
but he does not blink break stride or stop
just tucks her back inside
& treading smartly
marches out a step or two
ahead of me &
all the rest.

***Polissó***

Calb / amb ulleres / de mitjana edat i amb la cara tancada està dedicat
a passar pàgines d'*El País* i
jo alço la mirada del llibre
per veure la cama
despullada fins al genoll
però ell es limita
a les notícies
i ella surt
per darrere de l'escena
i així
parada per parada del metro
Liceu / Drassanes / Paral·lel / Poble Sec
fins que arriba a la seva Espanya
i allí
ella cau
tota la carn despullada i pintada amb aerosol del seu o d'ella
*Playboy Vixen*
però ell no pestanyeja es trenca es desplaça o s'atura
només li ajusta l'espatlla i altre cop cap endins del diari
i amb petjada elegant
surt una passa o dues
per davant meu i
de tothom.

***#13***

**#13**

***Fiesta Sant Jordi . . . Flowers . . . Flags . . . Books***

*1]*
I have a vague memory of roses wilting on a coffee table in a green vase
somewhere in Chicago & a blond,

who walks with a limp but speaks English & waves a flag like a hatchet
to emphasize her connection to history

& he who seems no better, smashing his hand on the book like a mallet,
incensed & alone with no one to grieve for & no one to pay him homage.

*2]*
There's a glass bowl on a table in Paris, France with six gardenias & a lily
reminders of death & life on the run & she with no place to go who waits

for him & he not sure which country's flag to claim being a pliant patriot
with no allegiances & no book to spin his yarn.

*3]*
There's a book in my hand that tells the tale of a flag lost & never found &
a rose in yours which reminds me of your heart swimming alone upstream.

***Festa de Sant Jordi. . . Flors. . . Banderoles. . . Llibres***

*1]*
Tinc una memòria llunyana de roses assecant-se en una tauleta en un gerro verd en algun lloc de Chicago i una noia rossa,

que camina amb un cert impediment però parla anglès i agita una banderola com si fos una destral per recalcar la seva connexió amb la història

i ell que no ho fa millor, dóna cops de mà contra el llibre com si fos un martell, rodejat d'encens i sol sense ningú per estar de dol i sense ningú per retre-li homenatge.

*2]*
Hi ha un bol de vidre en una taula a París, França, amb sis gardènies i un lliri records de la mort i la vida que corre i ella sense cap lloc per esperar-lo

i ell no està segur quina bandera reclamar ja que és un tebi patriota sense aliances i sense cap llibre per descabdellar el seu talent.

*3]*
Tinc un llibre a la mà que explica la història d'una bandera perduda per sempre i una rosa que en la teva mà em recorda que el teu cor sempre ha nedat sol contracorrent.

***#14***

#14

## *On The Wing*

Green parrots / wild / green parrots / five / at last count / streaming past our window on Aribau banking right to dart up Via Augusta / "The Street Of Green Parrots" or "Green Parrot Street" Ellen wants to call it & I think "Green Dolphin Street" & Carmen jamming with Monk at the Five Spot on a Friday in '58 / her husky alto warming up that spring romance & I'm back in New York & it's May & I'm nursing Cutty on-the-rocks & I'm bad & full of myself & anxious too / til this small dark lady asks me home & it's six AM & I'm out in the street & Harlem's not been to bed but I have & singed to the edge the way a man should be in New York when he's all of twenty & wanting more & soon.

*A l'ala*

Lloros verds / salvatges / lloros verds / cinc / el darrer conte / volant a corre-cuita passen per davant de la nostra finestra d'Aribau tot girant com fletxes cap a Via Augusta / «El_carrer_dels_lloros_verds» o «carrer_lloros_verds» Ellen els anomena així i crec que «carrer_els_dofins_verds» i Carmen tocant amb Teofilus Monk en el bar Five Spot un divendres de l'any 58 / el seu so alt i rogallós escalfant l'encontre d'enamorats a la primavera i jo de tornada a Nova York i és el mes de maig i jo em curo amb uns gots de Cutty Sark amb gel i em trobo bé i estic ple de mi mateix i també tinc frisança / fins que aquesta noia negra em demana que la porti a casa i són les sis del matí i estic pel carrer i Harlem encara no se n'ha anat al llit però jo he de fer-ho i he cantat fins a la frontera tal com un home ho ha de fer a Nova York quan té només vint anys i en vol més i aviat.
***#15***

## #15

### *Mute*

& who will crack the code / & who will be the first to speak?

Intruder . . . Outcast . . . Alien . . . I flinch at the sound.

*Of course turned out / more like . . . the* ***Child*** */ fumbling in your corner,*

*adjusting your shoes, squirming into dry clothes . . . the* ***Stranger*** */ curled*

*inside a box, inside a rug, inside an alley . . . the* ***Stranger*** */ obsessed*

*with soap, obsessed with mirrors, obsessed with words . . . the* ***Child*** */*

*gorging on jam & dried figs, chocolate & cashews . . .* Si! Si! Si!

& still no body to hold, no mouth to kiss, no ladder out.

***Mut***

I qui serà el que obri el codi / i qui serà el primer a parlar?

Intrús. . . Marginat. . . Foraster. . . M'acovardeixo amb el so.

*És clar que tot i que deixat anar / semblant. . . el **Noi** / potinejant en el teu racó, ajustant-te les sabates, caragolar-se en la roba seca. . . l'**Estranger** / recargolat dins una capsa, dins una catifa, dins un carreró . . .* l'***Estrany*** */ obsessionat amb el sabó, obsessionat, amb els miralls, obsessionat amb els mots . . . el **Noi** / afartant-se de confitura i figues seques, xocolata i cacauets. . .* Sí! Sí! Sí!

i sense ningú que l'abraci, sense cap boca per besar, cap lloc per on sortir.
***#16***

**#16**

***Miquel Barcelo – An Exhibition: 1987 – 1997***

*1]*
At the edge of this new spring lake, a tree roots from the skull of an ox & another skull, that of antelope or deer, stares from the mud, mosquitoes pooling in its eye.

*2]*
With her chickens plucked & hung to dry / she squats to birth / tidying
the little guy before she must whip up a proper feast for dad &
his buddies . . . Let's see . . . platino / patata / cebolla / ajo / tomate . . .

*3]*
Tossed taller than the waves even
a ship of reeds & bark & heaving oarsmen
plows to the center of the sea to cast out nets and pray . . .

*4]*
It bears the snout of a Rhinoceros [all bone & tusk] & eye & mouth
of a man / this aberration cast in mud & born in fire / bellows
to enrage / plows rock to sand & knows no mate.

*5]*
The dust of the *Plaza Mayor* whirls between the legs of a man alone / one
with his whiskey / one with his cape & bull. The plaza will hold the ring /
the ring . . . its plaza. & each holds a man about his business.

*6]*
Here I will dream mountains & seas & they will grow from the guts of a beast like remnants of the storm / all the finned & billed fishes & all the shelled creatures & the hoofed & winged & all the grasses too . . .

*Miquel Barceló. Una exposició: 1987 – 1997*

*1]*
A la ribera d'aquest nou llac de primavera, un arbre clava les arrels per damunt d'una calavera de bou i una altra calavera, aquesta d'antílop o cérvol, fita des del fang mentre mosquits entren i surten del forat dels ulls.

*2]*
Amb els pollastres pelats i penjats per assecar / ella s'asseu a la gatzonera per donar a llum / neteja el nadó tot i que ha de preparar una gran festa per al pare i els seus companys... Vejam... Platí / patata / ceba / all / tomàquet...

*3]*
Fent la baca més amunt que les ones fins
un vaixell de sargassos i escorça i tenir remers
que passen l'arada pel centre del mar per tirar les xarxes i pregar . . .

*4]*
Porta el musell del rinoceront (tot os i ullal) i ull i boca
d'un home / aquesta aberració calcada en fang i nascuda en foc / manxa
per enfurir / passa l'arada i fa de roca pols i no coneix cap company,

*5]*
La pols de la Plaza Mayor s'arremolina entre les cames d'un home sol / un amb el seu got de whisky / un amb la capa i el toro. La plaça aguantarà el cercle / el cercle . . . la seva plaça. I cadascú recolza l'home i els seus assumptes.

*6]*
Aquí somiaré muntanyes i mars i seguiran creixent des dels budells d'una bestiola com si fossin deixalles de la tempesta / tots els peixos amb aletes i boqueruts i totes les criatures amb closca i unglats i alats i totes les herbes també...
**#17**

## #17

### *Old News*

Today, the morning news declares: Germany is grieving! . . . No!
They're not 'grieving' but, 'apologetic,' Yes!
The fire bombing of Guernica did occur . . .
Those . . . *'Orders from Madrid'* . . . Imagine:
Third lieutenant Bruno Bauer tanked
To the gills w/gasoline & a clear view:
There's an ox tender topped with cabbage, lettuce & green tomatoes,
Two hefty women totting bundles of bread &
To the left, a kid with a sack of onions &
That's all I need do . . . just, lift this lever . . . Imagine,
Tonight, at the club, I'll kick back, fire up a Monte Cristo,
Tap into a cool Lowenbrau, joke around with Franz &
Tonight, I'll teach Heidi how to light
The morning moon bright red, how I am good at defending
The fatherland from children, old women & sheep, how I am
The *Condor Legion* & good . . .
The *Condor Legion* & good . . .
The *Condor Legion* . . .

### *Velles notícies*

Avui, a les notícies del matí han dit: Alemanya està afligida!. . . No!
No estan pas «afligits» sinó «apologètics», sí!
Van passar els bombardeigs de Guernica. . .
Aquelles. . . *Ordres de Madrid*. . . Imagina:
L'alferes Bruno Bauer ple a vessar
Fins a les ganyes de benzina i amb una visió clara:
Hi ha un bou tendre acompanyat amb col, enciams i tomàquets verds,
Dues dones fornides fan banzim-banzam amb farcells de pa i
A l'esquerra, un nen amb un sac de cebes i
Això és tot el que em cal. . . Només, alça aquesta palanca... Imagina,
Aquesta nit al club d'oficials, em recolzaré, encendré un Monte Cristo,
Faré la catxamona a una Lowembrau freda, un acudit amb en Franz i
Aquesta nit, ensenyaré Heidi com encendre
La lluna de matinada de vermell brillant, ensenyaré que bo que sóc a l'hora de defensar
La mare pàtria contra els nens, les dones grans i les ovelles, que bo que
La *Legió Còndor* i bo. . .
La *Legió Còndor* i bo. . .
La *Legió Còndor*
***#18***

#18

*The Recipe*

To adulterate or not, that's the question, this warm & breezy spring afternoon: to add chard, potatoes or beans, to deviate, to corrupt, to compromise history for the sake of grace, who will dare say, food is food / why, for all we know, the guys in the back room at El Bodegon cheated first, taming the Roman wish for spit-roasted partridge, ostrich or squab, with a handy/dandy (if the pickings be good) pottage of any 'joint' & vegetable, legume & green & who's to say, cooking itself is not a corruption of sorts, dismembering the living to create a fragrant mistake, why, *Mother Nature* might have potted, casseroled, ragout'd or goulash'd had she not been stuck on formulas & plans & while she stumbled on the hungry hunter last, she offered up a sampler plate of all the game & garden in her repertoire & left him curious & free to learn to chop & mince & singe & bake & roast & in the end, to fortify & satisfy & savor // to stock a pot & called it stew.

*La recepta*

Està adulterat o no, aquesta és la pregunta, fa bo i aireja aquesta tarda de rimavera: afegir bledes, patates o mongetes, per a desviar, per a corrompre, per a comprometre la història en virtut de la seva gràcia, qui gossa dir que el menjar és el menjar / per què, per tot el que sabem, els homes en l'habitació de malendreços a El Bodegón van enredar primer, tot domesticant el desig romà per un faisà rostit, un estruç o un colom amb un arregladet (si les ollites són bones) potatge de qualsevol «tros de carn» i verdures, llegums i enciams i qui ho hauria de dir, cuinar per si mateix no és una corrupció de les menes, desmembrant les bestiolines per crear un flairós error, per què, *Mare Naturalesa,*
***#19***

**#19**

## *I Spy*

"If I'd been asked, I'd say fifty quid . . . but,
I've been high before . . . " & on he went dribbling
rumors spread by her rivals – unlimited sexual possibilities, etc.
as if she were a peach or pork or chanced to spend one night
with a chum & ditched him early.

No, I don't speak Spanish & only make out bits
in passing but this Brit made eavesdropping hot
for a lazy voyeur & I didn't even know the woman
but then she arrived all done-up in leather pants & bra,
boots & black suede fedora & Yes, I relished

glance by glance, her kissing his entire table cheek by cheek &
toasted with champagne & seemingly enthralled & coasting
to a firm spot next to him *what* tossed it & him *what* tried to
chew her up & if the truth be known, she came off far in front &
like a bandit bracing bucks to ride / stole all the time it took to spend it.

*Espio*

se m'hagués preguntat, hagués dit cinquanta lliures. . . Però,
he pujat més alt abans. . .» i ell va deixar anar els rumors
que escampaven les seves rivals . . . Possibilitats sexuals il·limitades, etc.
com si ella fos un préssec o un porc o l'oportunitat de passar una nit
amb un amic i deixar-lo caure abans.

No, no parlo castellà i només entenc trossos
de passada però aquest anglès va parar l'orella ben bé
per un *voyeur* gandul i jo ni tan sols coneixia la dona
però quan ella va arribar tota pintada amb pantalons de pell i sostenidors,
botes o un barret ample de pell negre i sí, vaig gaudir

mirada per mirada, com ella va besar la taula sencera galta per galta i
va brindar amb xampany i semblava captivada i navegant
cap un lloc ferm prop d'ell que va brindar i ell que va intentar
de mossegar-la i si hem de dir la veritat, ella va sortir lluny en front i
com un bandoler tonificat a carretades per muntar / va robar tot el temps
que ella podia gastar.
**#20**

**#20**

***@ The Museum***

They've stripped the champagne shards from Gaudi's house.
His guards have had their helmets shaved.
Around a corner in the maze
he sometimes snoozes.

*@el museu*

De la casa de Gaudí hi han tret els testos per al xampany.
Els guàrdies tenen les capellines afaitades.
A la cantonada dins el laberint
Gaudí a vegades ronca.

**#21**

#21

***The Body: Fundacio Joan Miro – An Exhibition***

*The Body* . . . that public riddle . . . pricked & pierced & pummeled / behind glass. . . behind walls . . . behind bars . . . raped & flaunted / teased & taunted //

Disguised as rock / disguised as ash / disguised as death . . .
begs for bone / for flesh / for resurrection //

*His Body . . . Her Body . . . Our Body*
our river / our myth / our private haunting . . . flares amber / green then blue
in this Barcelona dusk //

These are her legs . . . splayed wide to show us all her gifts . . . his frame bent back to strut his tattooed & tinted testicles //

These are the twins / two heads & one torso dancing / a face floating free / an anus stuffed with a string of pearls / a tongue slit to expose an eye mouth & ear / mute & deaf by turn . . . arms framed like sitting ducks / legs left . . . to run alone . . .

& teeth & lips & hair & snot & jizz & spit . . . & blood . . .
*These Bodies . . . This Body /*
*His Body / Her Body /*
*Our Body . . . Their . . . Body*

*Fundació Miró: una exposició*

*El Cos*. . . Aquella endevinalla pública. . . picat i travessat i copejat / rere vidre. . . Rere parets. . . Rere reixes. . . Violat i ostentat / excitat i insultat //

Disfressat com una pedra / disfressat com la cendra / disfressat com la mort. Pidola ossos / carn / resurrecció //

*El Cos d'Ell. . . El Cos d'Ella. . . El Nostre Cos*
el nostre riu / el nostre mite / el nostre vedat particular
les flames ambres / verdes i aleshores blaves
en aquest capvespre a Barcelona //

Aquestes són les cames d'Ella. . . Ben obertes per mostrar-nos tota la seva bondat. . . L'estructura d'Ell corbat enrera gallejat els tatuatges i els testicles tintats //

Aquests són els bessons / dos caps i un cos que ballen / una cara que es mou amb llibertat / el forat d'un cul farcit amb un cordill de perles / una llengua partida per mostrar un ull boca i orella / muda i sorda a voltes. . . Els braços emmarcats com si fossin ànecs a l'espera / cames deixades. . . Que corrin soles. . .

i les dents i els llavis i els cabells i el moc i la suor i el gargall. . . i sang. . .
*Aquests Cossos. . . Aquest Cos /*
*El Cos d'Ell / el Cos d'Ella /*
*El Nostre Cos. . . El Seu . . . Cos*

**#22**

**#22**

***Tita Avendano***

As she strokes her guitar

a shy, young fox, curled in the comfort of her lap, tenderly licks
a rich & ruby wine from her breasts.

There's a hint of a man with green shoes & a taste for needles, signs
of a frail woman culling kittens under her eaves.

Though she rarely abandons hope, a peacock guards her chance advances,
drives wolves & locusts from her womb.

There's a dark streak easing up her back, through her hair & into her eyes.
I've seen these signs before & am sure she must sleep in a hail of bees.

*Tita Avendano*

Tal com ella acaricia la guitarra

una tímida i jove guineu arraulida en la comoditat de la sina, amb tendresa llepa els pits d'ella, un vi saborós i vermell.

Hi ha el rastre d'un home amb les sabates verdes i tendència per a les agulles, que fa un gest a una dona fràgil que crida gatets sota les barbacanes.

Tot i que ella molt poques vegades abandona l'esperança, un paó preserva les possibilitats, i li treu llops i llagostes de la panxa.

Hi ha una línia fosca que alleugereix la seva esquena, entre els seus cabells i fins als ulls.

Jo he vist aquests senyals abans i estic segur que ella ha d'allitar-se en un rusc d'abelles.

#23

*They swarm*

like hornets – these thieves of the Ramblas.
Widows & rambling tourists pay their way.
They ride on the day & smuggle the night.
No one has seen their face & no one will say they exist.

**#23**

### *Els lladres*

Aquests lladregots de les Rambles es belluguen com borinots.
Vidus i turistes bocabadats paguen el cànon.
Corren durant el dia i a la nit fan el contraban.
Ningú no els havia vist la cara i ningú no diu que hi són.

#24

*On The Metro*

Air-conditioned & crowded at four this afternoon on the metro to Gracia &
I look up from my Herald-Tribune & he's kissing her & she him &
(yes, we've seen this before) but, it's a crowded metro &
it's four in the afternoon & her mouth &
his mouth & the car is crowded &
no one's paying attention &
Franco banned kissing &
petting in public &
now he's dead &
she & he wont
ever wait
again
.

**#24**

***En el metro***

El vagó amb aire condicionat i ple a les quatre de la tarda en el metro cap a Gràcia i
quan vaig alçar el cap del meu *Herald-Tribune* i ell la petonejava i ella a ell i
(sí, és clar que ho he vist abans) però, això és un metro ple i
són les quatre de la tarda i la boca d'ella i
la boca d'ell i el vagó està ple de gent i
ningú no els fa cas i
Franco va prohibir petonejar-se i
tocar-se en públic i
ara és mort i
ella i ell no hauran
d'esperar-se
mai més
.

#25

***Reckoning***

*& speaking of the 'great' . . . the 'lionized'. . . the 'Generalissimo,' in Barcelona they hate his guts & fought him to the end & on the day he died, broke out a store of local cava showering communists, anarchists, republicans & monarchists alike / arming themselves with a necklace of tears in the name of Garcia Lorca & all the poets & farmers who disappeared in the fog of war.*

***Siege of Madrid***

. . . the robin is gone. Long live the robin.
& the goat & the lamb & the cat & the dog . . . All gone.
& parrots & pigeons & pigs . . . & at the end
they ate the shoes from their feet & maggots &
in the center of town they ate the corpses

& when he trooped into Plaza Del Sol
the sun hid behind clouds & in Plaza Mayor
the gallows creaked from light to dark &
kids no more than twelve who'd tossed dice
for the last shots swung free . . . united & free.

#25

***Passar comptes***

*I si parlem del «gran». . . Del «ferotge» . . . Del «'Generalísimo»', cal dir que a Barcelona l'odien amb tota l'ànima i van lluitar en contra seva fins al final i fins al mateix dia que va morir, aleshores es va obrir pel bell mig un magatzem de cava i va ruixar comunistes, anarquistes, republicans i monàrquics tots per un igual / ells es van armar amb un collar de llàgrimes en nom de García Lorca i de tots el poetes i pagesos que van desaparèixer en les cendres de la guerra.*

***El setge de Madrid***

. . . El pit-roig ha fugit. Llarga vida al pit roig.
I la cabra i l'ovella i el gat i el gos . . . Tots han fugit.
I els lloros i els coloms i els porcs. . . i al final
van menjar les sabates amb els peus inclosos i els cucs i
en el centre de la ciutat van cruspir-se els cadàvers

i quan ell va desfilar per la Plaza del Sol
l'astre es va amagar rere uns núvols i en la Plaza Mayor
els patíbuls van grinyolar de la llum a la fosca i
els nens no més grans de dotze anys que jugaven als daus
per als trets finals volaven lliures. . . Plegats i lliures.

**#26**

*Dancers*

She wears a party dress & combat boots & he, top hat & cane. They stroll across the plaza, heads erect & high. She will do the song, he
the jig & pass the cup / all business. They
sometimes stop to do a two-step
side by side.

**#26**

***Ballar***

Ella porta un vestit de festa i botes de combat i ell, barret de copa i bastó.
Ells passegen pel bell mig de la plaça, amb el cap dret i alt.
Ella cantarà, ell farà un pas de ball i pidolarà / tot el que calgui.
Ells a vegades s'aturen i ballen un pas doble
costat per costat.

**#27**

*Remembering Toni*

I'd seen her bump & grind in a parrot's cage, romp
bare breasted & stoned for lovers in the park.

I've spied her brass in the smirk of a toothless nurse
in the cramped hands & grin of a drunken drummer
in the stoic stare of a thief.

I've held her close on nights with no moon & no rain
tasted the hint of chalk & thyme on her ready tongue
bathed her in butter, sassafras & jam.

I've coaxed her awake in deserted lakes, watched her stride
through hurricanes & fire
lost her to wolves . . . to

border guards & borders . . . to border guards & borders & to gold.

#27

*Tot recordant en Toni*

Li he vist el paner i les ungles dins la gàbia del lloro
el cul i els pits apedregats pels enamorats en el parc.

He espiat els seus calés en les ganyotes d'una desdentada infermera
en les mans engarrotades i el rictus d'un percussionista ebri
i en la mirada estoica d'un lladre.

L'he abraçada fort en nits sense lluna i sense pluja
he provat el tast del guix i la farigola en la seva llengua tan disposada
l'he banyada en mantega, safrà i confitura.

L'he afalagada desperta en llacs deserts, he mirat les seves passes
per entremig d'huracans i foc
l'he perduda entre llops. . . Fins

fronteres amb guàrdies i fronteres. . . Fins fronteres amb guàrdies i fins l'or.

#28

*My Neighbor*

My neighbor feeds pigeons mostly
from her balcony.
She's humpbacked & her ankles bloat but
sometimes she ventures out &
I've watched her shuffle down Madrazo lugging her curious
umbrella & bag of bait &
today when I came by she hooked
her crooked neck & looked me eye to eye
as if to say,
"Don't even think about it, sonny, this here's my chunk-a-turf."

## #28

### *La meva veïna*

La meva veïna, sovint, dóna de menjar als coloms
des del balcó.
És geperuda i té els turmells inflats, tot i que
a vegades, ella s'envalentona i surt i
la veig caminar cap avall del carrer Madrazo arrossegant un paraigua
curiós i una bossa de grumeig i
avui quan he passat prop seu ha torçat
el seu coll desfigurat i m'ha mirat als ulls
com si em digués,
«Ni t'ho plantegis, espavilat, aquest és el meu tros de territori».

**#29**

***The Beach – One***

Not
like a soldier
I march
out of step
following her
golden orbs.
No, not her eyes,
my friend,
her naked ass,
joined
at the center
by a string
no bigger than
a finger & Oh
that it were mine.

**#29**

***La platja (I)***

No pas
com un soldat
jo marxo
i m'entrebanco
resseguint
d'elles
les esferes daurades.
No, no els seus ulls,
estimat amic,
el seu paner nu,
que s'arreplega
al centre
per una corda
no més gran que
un dit i ah
si fos el meu.

#30

*Tripping*

I'm tempted to leave Aribau 300 when our elevator goes berserk stranding me in my dream of nine dogs racing an ice storm & two bikers who stop to give comfort & brandy & I take it climbing higher than they can on one tank of gas & Suzy snoozes through the news nodding into her Carpaccio de Ternera while earthbound & straining I jettison my last chapter & fan out though a bank of bamboo & it's just past the fourth of July & no one's blown my holiday, no one, that is, except Suzy who's now curled up in her Romaine con Naranja & Roquefort & Mickey who claims the 'Droit du Seignior' on all pubescent females charged to me & that includes Suzy who's into her third round of Gambas con Ajo while I'm just hashing out the laundry with the portero & its now well past sundown & to be exact I'm sorely in need of another lift when out-of-the-red-white-&-blue comes the entire canine corps complete with hot dogs mustard & relish & Suzy's in the lead gorging herself on lemonade & apple pie & Mickey's got his hand out bringing up her rear & even though the door is finally free & we're finally descending I realize I've no hope of ever really going home & to be honest if I had my way I never would.

## #30

### *De viatge*

Estic temptat a deixar de viure en el carrer Aribau 300 cada vegada que l'ascensor es torna boig i em v adeixar llençat en el meu somni on nou gossos fan curses en una tempesta de gel i jo sense cap mena d'escapatòria quan em trobo amb dos motoristes que s'aturen per reconfortar-me i donar-me conyac i jo el prenc per pujar més amunt del que ells poden amb un dipòsit ple i la Suzy ronca entre un diari fent capcinades en el carpaccio de vedella mentre anava cap avall i amoïnat buido el meu capítol final i volo a través d'un bambú perquè tot just ha passat el 4 de juliol i ningú no ha fet malbé les meves vacances ningú excepte la Suzy que ara s'endinsa en el seu plat de *romaine* amb taronja i roquefort i en Mickey que demana el *Droit du Seigneur* a totes les noies adolescents de les quals m'encarrego i amb aquestes inclou la Suzy que està ocupada en la tercera ronda de *gambas con ajo* mentre jo agafo la bugada que entra amb el porter i ja són les tantes de la tarda ben passades i per ser exactes tinc l'absoluta necessitat d'un altre ascensor quan sortim del vermell-blanc i blau que vol dir del no res arriba la flotilla canina al complet amb botifarra de *frankfurt* i mostassa i amb molt de gust i la Suzy al càrrec atipant-se de gasosa i pastís de poma i Mickey que li té les grapes posades damunt les galtes aixecant-les i fins i tot la porta està desencallada i per acabar baixem jo m'adono que no hi ha cap esperança que torni a casa i si ens hem de dir la veritat si jo trobés el camí de tornada mai no el faria.

## #31

### *In Sant Gervasi*

They come at me, arm in arm,
these two women, one hunched &
hitched to a cane, the other,
buoyant & many years younger,
leaning close to hear a word,
adjust her grip & gently smile.

I've seen them before. On most streets,
at dusk, mid-day, even after midnight.
They are a family, cleaving to the last
best part before parting for good or
are they twins possessed of the same
heart, one eager to go on the other not.

***#31***

*A Sant Gervasi*

Vénen cap a mi, agafades de bracet,
aquestes dues dones, una geperuda i
enganxada a un bastó, l'altra
marxosa i molts anys més jove,
inclinada a prop per escoltar una paraula,
ajustar-li com s'agafa i un gentil somriure.

Les he vistes abans. En molts carrers,
a l'hora foscant, a mig dia, fins i tot,
després de mitjanit. Són família,
per fendre plegades fins que s'acomiadin per sempre
o potser són germanes bessones esperitades
pel mateix cor una que vol marxar i l'altra no.

## #32

### *Scorpions*

From their loose blond curls to spiffy spangled boots, from helmets blazing
yellow, purple, red & nothing but leather & polyurethane & chrome,

these uptown chicas smoke 'um riding five abreast down Via Augusta &
no one dares come close &

no one has seen them naked in the sun . . . But in ***the night*** / Ah! The Night
opens up its arms & they walk inside

shedding skin like crabs & rattlers & Yes! like ***scorpions,*** which is
what they are.

#32

*Escorpins*

Des de les corbes rosses passant a les botes fantàsticament lluents fins als grocs cascs brillants, violats i vermells i res més que pell i polivinil i cromat,

aquestes noies de la part alta fumen i cinc en banda baixen triomfants per la Via Augusta i ningú no gosa acostar-se i

ningú no les ha vistes nues sota el sol / Però a la nit /***a la nit*** / Ah!
la nit obre els braços i elles s'hi endinsen

deixen caure pell com si fossin crancs i serps i sí, com ***escorpins*** que són
el que elles són.

## #33

### *TV Sunday*

We're without the ripe odor of dung / without a family of friends to share
a bota of cool wine.
We're without a fine mist of dust that clings & tingles on the skin &
we're without the distinct syrup of his blood.

But, we can still count each breath
as he heaves against the taunts of men in their glittering 'Suits of Light,'
be treated to a close-up shot,
as picadors have worked their pikes to the rents in his damaged back.

We can even quietly root for him . . . that has not changed / this televised
*Death In The Afternoon*
has brought us close but does not deflate the odds . . . So, when the matador
'puts' his sword & lifts himself past

that lethal rack,
we pause, between bites of cheese & cake,
for that split second,

to see how well this bit of us
will die today.

#33

## *Diumenge TV*

Estem sense la madura olor de fems / sense una família d'amics per a compartir una bota de vi fred.
Estem sense la fina boirina de la tarda que s'enganxa i tentineja per la pell i estem sense el precís xarop de la seva sang.

Però encara podem contar cada alè
que l'exhala contra els insults dels homes amb els seus brillants «Vestits de Llum», ser tractats a un tret de prop,
com picadors que ja han treballat les seves piques, fins al final de les seves llogades espatlles.

Fins i tot podríem assentar-nos aquí per a ell ... això no ha canviat / el document *Mort a les cinc de la tarda*
ens ha portat més prop però no ha desinflat l'avantatge... Així que quan el matador
palanqueja la seva espasa i s'alça uns centímetres
passen per damunt de la línia dels pitons,
nosaltres encara en pausa, entre mossegades de formatge i pastís,
durant aquella mil·lèsima de segon

que ens fa veure bé quin bocí de nosaltres
morirà avui.

**#34**

***He***

You may not know him by his walk or cut of clothes or bag he carries.
You may assume: 'care-free,' 'mature,' 'sophisticated'
& you may be right . . . today,

but, tomorrow or the day after . . . at some moment in passing, when a slim
& perky girl in tight pants –a bare shouldered messenger
shopping for mom–

stops in the shade of a Catalpa Tree on Diagonal or Balmes or on any calle
to light her cigarette thinking, all is as it should be . . .
out of nowhere,

(& not only at night) The Hunter will appear & . . . & you become distraught
& ask, "what" & "why" & "who" but no one
will suggest his name or why &

what will happen is between them & she will never tell &
will seem right for years / maybe marry /
found a family before

she may be seen again, wandering some unfamiliar street & stopping all
too frequently to light another cigarette or wait, far from home,
in doorways or . . . she may begin to speak in riddles,

fiddle with fire or hum a foreign tune & one day, when all is as it should be
again, she may take her keys & shopping list & go to the street &
never return.

**#34**

## *Ell*

No el pots conèixer pel seu caminar o la roba que porta o la bossa.
Pots creure que va de «lleuger», «madur», «sofisticat»
i potser... avui... tens raó,

tot i que demà o un altre dia... En qualsevol moment i de passada, quan
una noia prima eixerida amb els pantalons ajustats... Una missatgera amb
les espatlles a l'aire fent encàrrecs per a la mare

s'atura a l'ombra de l'arbre de Catalpa a la Diagonal o Balmes o qualsevol
altre carrer per encendre una cigarreta i pensar que tot està com cal...
com una aparició,

(i no només a la nit) El Caçador s'apareixerà i... i tu et tornes molt inquiet
i demanes, el «què» i el «per què» i «qui» però ningú
no et donarà cap pista sobre el seu nom o el perquè i

el que passarà és un assumpte entre ells i ella mai no ho dirà i
semblarà que estigui bé per molt de temps / potser es casarà /
s'embrancarà en una família abans

que se la torni a veure passejar per qualsevol carrer desconegut i aturar-se
sovint per encendre una altra cigarreta o esperar-se, lluny de casa,
pels portals o... començar a parlar amb rodolins,

jugar amb foc o cantussejant una cançó estrangera i un dia, quan tot torni a
ser igual, ella s'endurà les claus i la llista de la compra i se n'anirà cap al carrer i
mai més no tornarà.

**#35**

***Plague***

. . . & it's not too soon after his hand attempts a grip that grime &
sweat & pus mark his passing, his groping for space, his
cane rapping the cement &

someone has given him a banana & another a cap to hold back the sun
& so he goes from bench to bench balancing what's left intact
inside his shriveled bag of skin . . .

**#35**

***Plaga***

...No és encara l'hora perquè les seves mans intentin agafar aquesta brutícia i suor i pus que marca el seu pas, el seu desig desmesurat per espai, el seu bastó repicant el ciment i

algú li ha donat un plàtan i un altre una gorra per arrecerar-se del sol
i d'aquesta forma va de banc en banc equilibrant el que queda intacta
dins de la seva arrugada bossa de pell...

#36

## *Urine*

Summer heat wrings out its share of sweat, drains the flower pots
strung like tinted disco dandies from the byways &
balconies of Barrio Gotic &

Urine / hot behind Eglesia del Pi / rises in waves to wash a passing
supplicant or shopper out for a Sunday
cleansing of spirit & soul //

Urine / by-product of sleeping-it-off in the shaded plaza where Sister
Monica & Sister Ana Maria huddle
like husks in mourning black

to stitch a shroud or tablecloth for supper, sharing water with those
hangers-on who toss on cardboard sheets
or goad a lame setter pup

to nip his mangy shepherd bud // Urine / drunk by The Auspicious Lord
Shiva / a cure for hives, heat rash & sore
gums / ignored by these men &

dogs & the passion of the blessed nuns as charity rises with the heat &
one whiff awakens ancient fears of boundaries
set & has us pass with care.

**#36**

***Orina***

La calor de l'estiu esprem el que li toca de suor, asseca els testos de flors
en fila índia com si fossin ballarins des dels carrerons i
les balconades del Barri Gòtic i

Orina / calenta darrera l'Església del Pi / pugen onades i mullen
el suplicant que passa,  el botiguer que surt el diumenge
per a netejar l'esperit i l'ànima //

Orina / subproducte de dormir la mona a l'ombra de la plaça
on la Germana Mònica i la Germana Anna Maria
s'estrenyen com bagues vestides de dol

per a cosir una mortalla o un mantell per sopar, compartir aigua
amb aquells aprofitats que s'adormen en capses de cartró
o punxar un cadell d'atura coix

per mossegar-li el sarnós cul de pastor // Orina / beguda pel Senyor Shiva
dels Afavorits / una cura per a les picades d'abella, les picors i les genives
dolorides / ignorat per aquests homes i

gossos i la passió de les beneïdes monges tal com la caritat puja amb la calor i
una bafarada desperta antigues pors de fronteres establertes
i fa passar-les amb cura.

#37

*Spare Change*

Tuesdays are usually slow in July. The metro half-empty at four when
the door opens & he gets on & in perfectly enunciated Catalan:
***'Need Cash'***

*broke, can't find work & his kids . . .* / She was next but traded bucks
for pocket calendars & the accordion player, I've heard him before,
came last.

I gave my nickels but don't appreciate their pain. I ask the lady who came in pushing a stroller. "Does your baby, *[with the fat stopper in its mouth, the one who*

*looks like his lips are locked]* need diapers? Can you appreciate a man who has none for his kids?" She bills & coos, chucking the silenced one under the chin

& does not blink. I ask the smartly dressed woman who sits across from me, "In your home, do you have a bath when you need one? Do you have a home?" &

she smiles, a big lip, full toothed grin but her eyes do not. I ask another, a young girl engrossed in New Grove's: Blues, Gospel & Jazz. "Are you hungry? Ever been?"

She turns away . . . been taught, never mix with strangers.

## #37

### *Xavalla*

Els dimarts de juliol acostumen a ser dies tranquils. El metro mig buit a les quatre i les portes s'obren i ell puja al vagó i en un català perfectament vocalitzat diu: «***Necessito calés***»

«*sense ni cinc, no puc trobar feina i els fills…*» / Ella anava al darrere i bescanviava dòlars per calendaris de butxaca i el músic de l'acordió qui jo ja l'havia sentit arribava l'últim.

Vaig donar les monedes però no puc adonar-me'n del seu dolor. He preguntat a la senyora que ha entrat amb un cotxet. «Al seu fillet *[amb el xumet gruixut a la boca, aquell*

*que fa que els llavis semblin segellats]* li calen bolquers?» Pots valorar a un home que no en té per als seus fills? Ella garla i ronca, ofegant el so que calla sota la barbeta

i no parpelleja. Li pregunto a la dona ben vestida que seu davant meu «A casa prens un bany quan el necessites? Tens una casa?» i

ella somriu, uns llavis molsuts, totes les dents, una rialleta però no amb els ulls. Li pregunto a una altra, una noia jove endinsada llegint en la revista *New Grove: Blues, Gospel i Jazz.* «Tens gana? N'has tingut mai?».

Es gira… L'han educat perquè mai no faci cas a un estrany.

#38

***Paul Delvaux: An Exhibition***

Like Paul Klee's naked, "*Virgin In A Tree*," Delvaux has nestled his
in a leafless crotch on a leafless plain where her brunette twin [they all
seem as sisters] absently sprouts a flourishing bouquet from her hidden feet.

The pink, listless flesh & downcast eyes of his women [there's a third
who nuzzles her solemn trunk as column or lover or partner in dance] leave
the man with morning coat & bowler hat who walks & reads his news

indifferent to love or lust or even so much as a glance as might any "*Man In The Street*" or so Delvaux would have us wonder / have us suspect / his
dreamers drained of passion, dreary & immobile / cold as his scattered
stones.

**#38**

### *Paul Delvaux: una exposició*

Com en la pintura nua de Paul Klee *Verge en un arbre,* Delvaux fa el seu niu en un cony sense fulles en un camp sense fulles on la seva model morena bessona [totes elles semblen germanes] absent deixa florir un ram de flors de sota els peus amagats.

La carn rosada i lànguida i la caiguda d'ulls de les seves dones [hi ha una tercera dona que acaricia el seu tronc com si fos una columna o un amant o un company de ball] aquesta deixa a l'home amb abric i barret de bolet que passeja i llegeix el diari

indiferent a l'amor o la luxúria o fins i tot a una mirada com si fos *Un home del carrer* o fins i tot Delvaux ens tindria intrigats / ens tindria sospitosos / els seus somiatruites secs de passió, tristos i immòbils / freds com les seves escampades pedres.

**#39**

## *Jayhawkers*

They come to rustle nests long plumbed & nurtured, flop by
beaches, docks & rooftops,
mooch drinks & smokes & a quick hump with any runaway
who'll spread her legs & wont cry cop.

They smother summer in their razzle-dazzle, snag coins by way
of swift licks on a tired drum then shop
the Ramblas one more night before they'll pack their play
to Nice or Cannes or even St. Tropez!

**#39**

## *Ocellots*

Vénen a remoure els nius mimats i plomats des de fa molt de temps,
es llencen des de les platges, els ports i les teulades
pispen begudes i tabac i una abraçada amb qualsevol jove
que s'obri de cames i no cridi a la *poli*.

Ells ofeguen l'estiu amb la seva publicitat sufocant, recullen monedes
gràcies a unes llepades ràpides d'un tambor cansat i aleshores
van a comprar per les Rambles una altra nit, abans de recollir el seu art
cap a Niza o Cannes o St. Tropez!

**#40**

*The Fountains of Montjuic*

The first plumes erupt to the strains of Rodrigo's Concerto de Aranjuez &
rise & fume & rise & gush & dance & rise again in streams
stiff enough & high to part the sky &

the color wheel keeps time & the hawkers hawk their eerie lighted devil's
horns & whirl-a-gigs & glowing yo-yos & when the fountain erupts again

couples squeeze together & Rodrigo's spectacle quivers & moans &
the roiling water & some will snap pictures

for Aunt Betty from Poughkeepsie or Uncle George from Budapest but
the lovers & they are many, will remember the flagrant moon

climbing over the castle's crown & the throbbing & the spray playing
lightly on their upturned faces where they shimmer & shine
infatuated & oblivious to the mountain & the night.

## #40

### *Fonts de Montjuïc*

Les primeres plomes surten amb les cadències del *Concierto de Aranjuez* de Rodrigo i s'eleven i s'esvaeixen i s'alcen i regalimen i ballen i s'eleven altre cop en corrents prou alts i directes com si obrissin al cel i

la roda de colors marca el temps i els xarlatans garlen amb el seu lleuger i misteriós banyam i giravolten i pugen i baixen com els seus *yo-yos* lluminosos i quan les fonts esclaten altre cop

les parelles s'agafen plegades i l'espectacle de Rodrigo s'esgarrifa i gemega i l'aigua brolla i més d'un tira una foto

per a la tieta de Poughkipssee o l'oncle George de Budapest però
els amants, i n'hi ha força, recordaran la lluna escandalosa

que puja més amunt de la corona del castell i del batec i de la lleugera juguesca de l'aigua en la seves cares alçades allí on resplendeixen i brillen infatuades i sense adonar-se'n de la muntanya i de la nit.

**#41**

***August – One***

As if to hide the driver's face, a car speeds, faster than usual,
down Muntaner. Shutters are drawn. Even El Drac, where I buy
my ration of Rioja's,
shut tight.

There's – No disaster. No Plague. No invasion. We've merely turned
into August when the sea & the mountains call & no one
will admit being left
behind.

Even ***Dirty Dicks English Pub*** has only stragglers to share their fancy
coconut concoctions & across the street, El Escalon, where the cava's
half-price & very cold,
closed early.

But, walking at midnight, a mile or so from home, a cautious watchman,
off his rounds for a quick copa & a smoke, wishes me a Catalan "Bona Nit,"
as if to say, as we both know, these times too
shall pass.

**#41**

***Primer. . . d'agost***

Com si el conductor volgués amagar la cara, el cotxe s'apressa, més ràpid que de costum cap avall del carrer Muntaner. Les finestres estan tancades. Fins i tot
El Drac, on compro la meva ració diària de Rioja,
és tancat i barrat.

No ha passat cap desastre. Cap plaga. Cap invasió. Només
l'agost ha arribat i la mar i la muntanya han cridat i ningú no vol admetre que es queda a la ciutat.

Fins i tot el pub anglès *Dirty Dicks* té només ressagats per compartir els seus combinats de coco i a l'altre cantó del carrer, El Escalón, la botiga on el cava és a meitat de preu i molt fred,
ha tancat més aviat.

Tot i que mentre camino a mitjanit, més d'un quilòmetre lluny de casa, un vigilant remirat, fora de servei de moment per fer una copa ràpida i una cigarreta em desitja en català una bona nit, com si diguéssim i els dos ho sabéssim que aquests dies també passaran.

#42

*In This Dream*

. . . Ellen sleeps her sleep & after my hunt at dawn through La Boqueria to capture el pulpo, pimientos, tomatoes & greens, I go out again & down the Ramblas to my rented chair where I inscribe poems for tourists in my clumsy script . . . seemingly, they don't expect much from an old x-patriot.

To tell the truth, I'd rather be climbing around Montjuic in the early light or swimming off the beach at Tarragona or sipping coal-black coffee at 'Rod's B & G' in Gracia or maybe skinning a freshly trapped conjeo & braising him in veal broth, chili, garlic, saffron & wild mountain thyme.

#42

***En aquest somni***

...L'Ellen dorm i després de la meva expedició de caça de matinada per La Boqueria per agafar el pop, pebrots, tomàquets i verdures, torno a sortir i cap avall de Les Rambles fins a la meva cadira de lloguer on endreço poemes per a turistes en la meva lletra mal feta... Tot i que sembla que no esperen gaire coses més d'un vell expatriat.

Si he de dir la veritat, m'agradaria estar pujant Montjuïc a l'albada o banyar-me a la platja de Tarragona o beure cafè a can Rod B&G de Gràcia o potser escorxar un conill acabat de caçar i adobar-lo amb brou de carn, pebre, all, safrà i farigola salvatge de muntanya.

**#43**

## *Fathers & Sons*

*"An arm can be a lever as the hand's a spade"*

This father seems to lift his crippled son each Sunday
beyond his wheelchair by this simple truth:
"Lay your free arm on his shoulder & he will fly beside you."

## #43

### *Pares i fills*

*«Un braç pot ser una palanca com la mà una forca.»*

Aquest pare sembla alçar el seu fill paralític cada diumenge
més enllà de la cadira de rodes amb aquesta simple veritat:
«Recolza el teu braç lliure sobre la seva espatlla i ell volarà al teu costat».

## #44

*Manel Camp "Jazz Quartet"*

It's a rare cool evening in Gracia & Manel's hands are full & hot & striding the Yamaha Grand while brother Jordi ratchets up his bass & Lluis hammers each inch of a tight drum set // But it's Mireia who swings away

on 'Night & Day & 'Summertime' & 'All of Me' scaling & scatting & tossing her auburn curls to our applause, like some proud, young filly skittish but ready to ride.

**#44**

***Manel Camp «Jazz Quartet»***

És un capvespre estrany i fa fred a Gràcia i les mans d'en Manel estan plenes i calentes i volen per damunt del Yamaha Gran Piano mentre el seu germà Jordi repica el contrabaix i Lluís copeja cada centímetre d'una bateria // Però és la Mireia qui canta

*Night & Day* i *Summertime* i *All of Me* i escala i dispersa i enlaire
els seus rínxols caoba pel nostre aplaudiment com si fos una poltra jove coqueta, però disposada a galopar.

**#45**

***@ Tasca Marcelino***

*(also known as 'Els Barrils' by those who come often for their famous sauté of wild mushrooms or Caracoles de Mar o de Montana Picantes or [my favorite] Pulpo a La Gallego which the easygoing bartender finishes with a generous helping of sea-salt, olive oil & hot paprika & to which I might add a touch of lemon & slivered garlic)*

there's always the great octopus debate: to eat or not to eat?! & I say, "Eat"
& Ellen says, "No!"

It's true, these mollusks are a quick & spirited lot – masters of disguise / can change color, shape & size / dart out
or back in a spurt of ink / will pet your hand or snatch your rings for fun.

It may be, the octopus gave birth to the poly-limbed god Vishnu or merely seduced a priest with its weaving
tentacles like scarves or braids or the lissome legs of a guileless dancer.

It may be too, the dinner on my plate has not surrendered but lies in wait extracting a bit of me
with each bite of foot or shank or mantle I take to my mouth & it may be

tonight I will dream myself an octopus & swim beneath the rocks off Monterey or wrestle
my mate in a fast embrace just outside this very harbor or it may be

too late for me & I may be found in his bottle by some fisher kid
who'll bring me back & ice me down &
sell me to the highest bidder – perhaps – the master-chef @ Els Barrils.

#45

### *A la Tasca Marcelino*

*(També se la coneix com «Els barrils» per tot aquells que vénen sovint a degustar el seu famós remenat de bolets o cargols de mar o de muntanya picants o [el meu plat preferit] pop a la gallega que el cambrer borni amaneix amb un bon grapat de sal marina i oli d'oliva i pebre picant i també s'ha d'afegir unes gotes de llimona i uns bocins d'alls)*

sempre hi ha el gran debat del pop, menjar o no menjar? i jo dic: «Menjar» i l'Ellen diu: «No!»

És veritat que aquests mol·luscs són ràpids i plens d'energia; són mestres del camuflatge / poden canviar de color, forma i mesura / sortir com una fletxa o tornar en un núvol de tinta / t'acaricia la cara o et pren de volada i per divertir-se amb els teus anells.

Podria ser que el pop parís un Déu Vishnu amb múltiples peus o només seduís un sacerdot amb els teixits dels seus tentacles com si fossin mocadors o cordons o les cames àgils d'un ballarí innocent

Potser també el sopar en el plat no s'ha rendit tot i que les mentides que s'esperen extreure un tros de mi
amb cada mossegada en el peu en la canya o mantell que em faig arribar fins a la boca o potser

aquest vespre somiaré que sóc un pop i que nedo sota les roques de la badia de Monterrey o que em barallo
amb el meu company en un ràpid penjar-me del coll als afores d'aquest port o potser

ja és massa tard per a mi i potser em trobaran dins l'ampolla d'un nen pescador que em tornarà i em posarà amb gel i
em vendran al millor postor - potser fins i tot / al mestre de cuina@Els barrils.

**#46**

***Festa Major – Gracia***

*1]*

Welcomed home after many months, haggard but tall, she marches
with the parade
not minding the blinding flash of cameras or her mother's tears
& the jazz she hears –
its rhythms sailing a raft of kids & dogs & fellow travelers up one street
& down –
with her lover's tongue in one ear & beer sloshing over her blouse
she dips her head
to the left & gives up her lunch never missing so much as a lick.

*2]*

We've partied all night in Revolution Square where in 1714 Catalunya lost its independence. But tonight we are all independent waving our flags & weaving beside a team of survivors bent on marking their territory not unlike a pack of lithe & savvy wolves circling home turf & knowing tonight's the night they say they'll never be run off again.

#46

*Festa Major de Gràcia*

*1)*

Benvinguda a casa després de molts mesos fora, extenuada però dreta marxa amb la rua
sense fixar-se amb els flaixos escandalosos de les càmeres o en les llàgrimes de la seva mare i el jazz que se sent
i que amb els seus ritmes porten com una barca solera grups d'altres nois i noies i gossos i companys de viatge amunt i avall del carrer
amb la llengua del seu amant a cau d'orella i cervesa regalimant brusa avall ella vincla el cap
cap a l'esquerra i treu el seu dinar sense trobar a faltar ni una mossada.

*2)*

Hem estat de festa tota la nit a la plaça de la Revolució allí on el 1714 Catalunya va perdre la seva independència. Però aquesta nit tots som independents onejant les nostres banderes i teixint al costat d'una colla de llops àgils i agosarats que fent rondalla a casa seva i coneixedors que aquesta nit és la nit on diuen que mai més no fugiran.

**#47**

***August – Two***

If the rain would only come. If the rain. Would only. Come. If the rain. Would. Only. Come.

& come & come & come & like a ripe bride the skies will thrill & spill & shout & thunder & light & not

like a stiff & stately groom who'd ruminate & pace & down it comes & the skies do open up & one-right-after-another

it comes in a torrent of flashing & cries of utter joy
. . . *The Rain!*

#47

***Agost. . . dos***

Si pluja solament vingués. Si la pluja. Solament volgués. Venir. Si la pluja. Volgués. Només. Venir.

i venir i venir i venir i com una núvia madura el cel s'emocionés i vessés i cridés i tronés i llampegués i no

com un tibat i majestuós nuvi que ha remugat i passejat amunt i avall i ara vol deixar-se anar amb el cel i obrir i un darrere l'altre

i deixar anar un torrent de flaixos i crits de total benaurança . . . *La pluja!*

#48

*Wine*

Ellen & I usually take a break each afternoon, you know, a little breather
in the sun.
There's this quiet café just across from our pension & the wine, Ah . . .
the wine's sensational.

Jordi, he's the owner & our self-appointed guide to Barcelona,
makes his own
at his father's country house & stores the oldest here. A basic Tempranillo,

deep purple in the afternoon glow & a white, thinner than Chardonay but full of fruit & almost
perfectly balanced. Jordi says, "My wine is like a woman, over time,
the budding breasts &

spindly legs of adolescence, firm to curves & blossom like hibiscus in its season." "Age." he says,
"That's the secret. We are used to that. Serrano hams my uncle hangs for years, Mama's holiday Paella

she begins on Monday for a Sunday feast." His café's just a block away from a Gaudi masterpiece,
Antonio Gaudi, whose 'Church of the Family' is still being built these hundred years – Jordi says,

"When the last scaffold has been dismantled & the masons have retired,
it will be polished to perfection."
He urges, "Don't rush these days in Catalunya, savor its scent, its taste, its rugged textures,

like the building of this monument, like the mandate of a marriage,
we must practice patience, ripen & mature,
like my wine in oak & in its time we'll come to draw a glass &
toast our luck!"

## #48

### *Vi*

L'Ellen i jo, cada mitja tarda tot fent un parèntesi, saps què vull dir, un descans sota el sol.
Hi ha un bar amb terrassa davant del nostre hostal i el vi, ah. . .
el vi és sensacional.

Jordi, ell és l'amo i el nostre particular guia de Barcelona,
ell fa el seu propi vi
a la casa pairal i el guarda en la seva pròpia bodega. Un vi negre bàsic,

un morat intens en el resol d'aquesta tarda i un vi blanc, prim com qualsevol xardoner
però ple de fruita
i d'un equilibri gairebé perfecte. En Jordi diu: «El meu vi és com una dona,
amb el pas del temps sobre els pits borronats i

les cames tortes de l'adolescència fins a la fermesa de les corbes i florir com els hibiscos en temporada». «Envellir», diu en Jordi,
«aquest és el secret. N'estem acostumats a casa meva. Els pernils Serrano el meu oncle els deixava penjats anys i panys. La paella de la mare

comença el dilluns per a la festa del diumenge». El seu cafè és en una illa d'una peça mestra de Gaudí,
Antoni Gaudí amb la seva Sagrada Família que és just a la cantonada,
encara està fent-se des de fa més de cent anys. En Jordi diu:

«Quan la darrera peça de la bastida s'hagi tret i els paletes s'hagin retirat,
poliran l'edifici fins a la perfecció».
Ens aconsella: «No aneu de pressa aquestes dies per Catalunya, assaboriu la seva olor, el seu gust, les seves treballades textures,

com la feina d'aquest monument, com l'entrellat d'un matrimoni,
hem de practicar la paciència, com l'envelliment
del meu millor vi i en el seu temps aproparem un got i
brindarem per la nostra sort!»

#49

*Crank It On!*

The peseta climbs & everyone's aboard & Yes, we see the little critters more often now & hear them roar late into the night & as the peseta runs young men & women ride into the hills to ramble & scramble & yes we've seen their brawn in the afternoon & they're called like spies or missiles or gods: Boxster / Z 3 / Barchetta / Miata / XJ 8 & they romp to a different tune, whinnying like studs gone nuts / guzzling their way to immortality at racetracks & bar-b-q's & parades & honeymoons / these wicked little toys that eat pesetas like a diet of silk & do not give birth.

#49

### *Marejar la perdiu*

La pesseta puja i tothom s'hi apunta i sí, veiem aquestes criatures ara més sovint i les sentim bramar fins entrada la nit i la pesseta en el seu viatge de pujada porta a nois i noies joves fins a les muntanyes per passejar i jugar i sí hem sentit la seva força musculosa a la tarda i se'ls crida com si fossin espies o míssils o déus; Boxster / Z 3 / Barchetta / Miata / XJ8 i ells tot guimbant cap a una melodia diferent, amb un renill de semental que s'ha tornat boig / afartant-se del camí per a ser immortals en els circuits de curses i les parrillades de carn i les parades i les llunes de mel / aquestes entremaliades petites joguines que endrapen pessetes com si fos una dieta de seda i no servissin per a parir res.

**#50**

***Street Dance***

WHAP!  I heard it before I saw it & her dog as vicious as she
this old battle-ax of a citizen slamming his car's door & shoving his lady '
out the way, bitch!' coming back to kick some serious ass with her cane

& there & then they went toe to toe him & her & her ragged dog keeping time
with his incessant howling & tonight

they're at it again – the old woman whopping the younger & tearing hair
& the neighbors into it too & that dog like a latter day Cerberus set
to keep her in or them out but certainly me from crossing over

Carrer de Maria Cubi without sinking to my knees as the river goes
higher & the ship is rocking & a night in hell never looked so good.

## #50

### *Ball de carrer*

WHAP! Vaig sentir-ho abans de veure-ho i el seu gos viciós com ella i aquell ciutadà vell com una destral de guerra que donava un cop de porta al cotxe i empentava a la seva dona «surt, puta» i tornava per copejar un senyor cul amb el seu bastó

i allí i aleshores ells van anar a treure'ls pas a pas a ella i a ell i el seu gos enfurismat que deixava passar el temps amb els seus brams i avui a la nit

ja hi tornen a ser-hi la dona gran fotent-li fort a la jove i esparracant-li els cabells i els veïns embolicats fins i tot i el gos com un Cèrber acabat d'arribar dedicat a deixar dins a ella i fora a ells a mi no em deixa creuar

el carrer de Marià Cubí sense que m'ensorri fins els genolls tal i com puja el riu i el vaixell es bandeja i la nit a l'infern mai no havia estat tan bonica.

**#51**

***The Beach – Two***

He lay next to her eagerly oiling, in fact, massaging, No! caressing her pliant breasts as a lover might in the privacy of their special place but here on the beach in the sun & for me alone like

attending a volcano or the birth of a painting or like celebrating Eros in August with a pick-up band playing "Sugar – Sugar" on the sea-wall & another couple wound together too &

no one close enough for me to scent or kiss or fondle or chase into the swells where the gulls are diving & kids are surfing their way back & no one seems to care whether I've come or not.

**#51**

## *La platja (II)*

Ell ajaçat al costat d'ella l'oliava amb manya, de fet, li feia un massatge, No! acaronava els seus pits deixats anar com un amant ha de fer-ho en l'espai privat del seu lloc especial però aquí a la platja al sol i per a mi tot sol com

si estigués present a l'esdeveniment del naixement d'una illa, un quadre o una cançó o com si celebréssim Eros en el mes d'agost amb un grup musical que estigués tocant *Sugar - Sugar* sota l'escullera i una altra parella ferits plegats també i

cap d'ells prop meu en la mesura per percebre una olor o un petó o una abraçada o una persecució fins a les crestes d'onada on les gavines es cabussen i els joves fan *surf* i tornen i a ningú no sembla importar-li gaire que jo he vingut.

#52

***Dog***

*. . . good dogs & bad dogs, savvy dogs & bitter dogs, playful dogs & lazy dogs, winsome dogs & mangy dogs / dogs which hunt & found dogs, dogs which cry & lost dogs* &

the lost dogs wander the streets with their tongues wagging from their hot mouths looking & sniffing for that special friend they've missed or who has missed them or who

left them for dead in the road after dark to wander for hours in search of that *connection*, that familiar *tie* to their small world which has been lost or stolen or misplaced, that

*key* to opening up their life which they cannot open on their own & to which they are linked by years of trusting that hand to stroke an ear, offer up a bone or a warm place

on a cool night when few are about & the hour is becoming late & no one has stopped to say, "Here boy. Here girl. I'll take you. I know the way. It's just up there . . ." & the dog will go on

into the next day & past that to the next & may never stop 'till the scent is as lost as he & there is no more . . .

## #52

### *Gos*

*...Gossos bons i gossos dolents, gossos espavilats i gossos amargats, gossos juganers i gossos ganduls i gossos nafrats / gossos de cacera i gossos de peça, gossos que udolen i gossos perduts i*

els gossos perduts vaguegen pels carrers amb les llengües fora de calor a la boca i ensumen per aquell amic especial que troben a faltar o aquell
que els troba a faltar o aquell

que els ha deixat per morts a la carretera al capvespre perquè rondin hores i hores tot cercant aquella *connexió,* aquell *lligam* familiar amb el seu món petit que s'ha perdut o li han robat o li han desordenat, aquella

*clau* que obre la seva vida aquella vida que ells no poden obrir per si mateixos o aquella vida a la qual estan encadenats per anys de confiança aquella mà que els acaronà una orella, que els oferí un os o un lloc calent

en una nit freda quan hi ha poca gent i es fa tard i ningú no s'ha aturat per dir: «Eh noi, eh noia. Jo us portaré. Jo sé quin és el camí. És aquí a prop...» i el gos tira endavant

fins l'endemà i passa el proper i mai no s'atura fins que l'olor es perdi i no n'hi hagi cap més...

**#53**

***Fashion Café In Aragon Street***

. . . up the black marble walls past the toilets for men & toilets for women past 'security' & the 'dress disco' to the top of the stairs & the painted stars to the place where she calls me to "Come!" &

"Be with me" & "Look! See what I've got!" & I step inside & she begins again with me inside of her & she inside of me . . . & we go up the aisle & spin & down the aisle & spin & spin again until we're shivering &

whirling & she trembles like a steaming train & there's no escape without the photographer & he's gone home & there's only his fish-eye with an orange filter which makes us hot & a gray filter

which makes us sad & a blue filter which makes us bold as we tumble down the stairs gathering speed & moss & feathers to wear in our hair & her skin is peeling away from mine & we're being exposed

to apertures which open & close & lights which flicker on & off until our skin is burnished to a fine sheen & we're rising up to fill the dome & floating free like a spider on its thread or starlight or snow . . .

**#53**

***Fashion Café (al carrer d'Aragó)***

...Més enllà de les parets de marbre negre passats els lavabos per a home i per a dona passat «Seguretat» i el «Vestuari disco» fins al final de les escales i les estrelles pintades fins el lloc on ella em crida «Vine» i

«Estigues amb mi» i «Mira el que tinc» i jo entro i ella torna a començar en mi a dins d'ella i ella dins meu... i anem fins el passadís i giravoltem i cap avall del passadís i giravoltem i giravoltem fins que ens escalfem

i tremolem i ara ens arrombollem i ella s'estremeix com una locomotora i no hi ha escapatòria sense el fotògraf i ell se n'ha anat a casa i només ha deixat el seu ull de peix amb un filtre taronja que ens fa estar calents i un filtre blau

que ens fa estar tristos i un filtre gris que ens fa pelats mentre quèiem per les escales tot prenent velocitat i verdet i plomes per a dur en els cabells i la seva pell està pelant-se de la meva i ens trobem sobrexposats

cap a obertures que s'obren i tanquen i llums que tremolen en encendre i apagar-se fins que les nostres pells estan polides fins a una bona lluentor i ens alcem per omplir la cúpula i flotem lliures com una aranya en el seu fill o en la llum d'una estrella o en la neu...

#54

*In The Time Of Lone Men Walking*

. . . from one traffic light to the next the lone & alone man in slippers & gown walks beside women linked by two's & by four's who sway in the dark to alluring guitars & couples who turn away to kiss & caress & dogs who bare their teeth & mark his step & howl & snort & the lone & alone man looks but no one looks back as he walks in the night to the top of the street & left for a while & to the right & at some corner he enters a bar & orders a wine & drinks & goes on seeking a sign or omen which never comes & the lone & alone man does not want to see but the night has changed & his street is slick with fire & the sycamores are framed in ice & now he walks with a cane & there are no guitars & no luxurious women & no couples & no dogs left to seize his eye or ear but on he goes / the lone & alone man / through the years & cannot stop . . .

#54

*A l'hora d'homes que passegen sols*

...Des d'un semàfor fins al proper solitari i home sol en xancletes i batí camina al costat d'una dona a qui es lliga per dos i per quatre passes que es gronxen en la foscor acompanyats per unes guitarres falagueres i parelles que es giren per besar-se i acaronar-se i gossos que ensenyen els ullals i marquen el seu territori i udolen i ronquen i el solitari i home sol no mira ningú mira enrere mentre s'endinsa en la nit al capdamunt del carrer i es deixa per una estona i cap a la dreta i en una cantonada entra en un bar i demana un got de vi i se'l beu i continua cercant un senyal un averany que mai no arriba i el solitari i home sol no ho vol veure però la nit ha canviat i el seu carrer és brillant hi ha foc i les blades estan emmarcades en gel i ara ell camina amb un bastó i no hi ha guitarres i no hi ha dones de luxe i cap parella i cap gos deixat que mesuri amb el seu ull o orella tot i amb això ell continua / solitari i home sol / a través dels anys i no pot aturar-se...

#55

*Dental Affair*

*1]*

The dentist knows . . . plane the root to save the tree. The problem, he says, lies under the skin, beneath the gum, behind that mask of solid flesh rests the argument for change.

He points out, death lurks in empty spaces, the 'pockets,' as he calls them. The dentist knows / graft / extract / why, no one's even guessed you're living on borrowed time.

*2]*

Some days, after a long session over the stove, I feel lost without her sympathetic skill, her nibbling my lips with her quite-new-mouth all stitched & wired & then I relish her tongue as it diddles my ear as if her palate had a history to overtake, as if, she's struggled for years to fine tune her bite, to mark her place, like a model citizen, unafraid to chance a fresh start, best won with a winning smile & teeth to hold your quarry down.

**#55**

***Assumpte dental***

*1)*
El dentista ho sap... ribota la rel per salvar l'arbre. El problema, diu, rau sota la pell, sota la geniva, sota aquesta màscara de carn sòlida resta l'argument per al canvi.

Assenyala que la mort s'atura en els espais buits, els «sobres» els diu. El dentista sap/ empeltar / extreure/ ningú ni tan sols s'ha preguntat per què vius en temps deixat.

*2)*
A vegades, després d'una llarga sessió al forn, em trobo perdut sense la seva traça amable, la seva manera de pessigar-me els llavis amb la seva gairebé nova boca tota cosida i filferrada i aleshores assaboreixo la seva llengua quan juga amb la meva orella com si el seu paladar tingués una història a la qual sobreviure, com un ciutadà modèlic, sense cap por a tornar a començar, guanyant-s'ho tot amb un somriure i dents per mantenir la teva conquesta.

## #56

### *In Those Days*

There are women here, mature women, who ride the bus with dignity & a delicate fan to compliment their silks & striking prints & some sport a cane or hand-sewn umbrella or a clutch from Riera or Cartier to hold their private needs for a trip to Sonia's for dinner or Dr. Font's for that sore tooth or, Yes, an afternoon rendezvous in Guell Parc with a certain gentleman from her youth who is widowed & . . . & while I watch she nonchalantly opens her fan & begins, with her wrist cocked just so, to stir the air & with it a sly smile seems to come or is it a hint of perspiration caught in the corner of an eye which has made her turn this delicate rose or is it a memory or vision of herself with her first fan at a cotillion or summer fiesta when she was a girl in Tarragona & the young men would come to her mother & ask her to walk with them & it was the fan which kept her engaged & wise to the talk & time & whether the air had warmed or cooled & the name of the man had changed & she was on her own as she was mostly in those days & could do no wrong.

#56

## *En aquell temps*

Aquí hi ha dones, dones madures, que viatgen amb autobús amb dignitat i un ventall delicat com a complement de les seves habilitats i teles lluents i algunes porten un bastó o un paraigua cosit a mà o una bossa petita de Riera o de Cartier per a guardar les seves més privades necessitats per un encàrrec a ca la Sònia o per un dinar o per una visita al Dr. Oliveres per la dent que fa mal o, Sí, una tarda per un compromís de trobada al parc Güell amb un senyor conegut des de la seva joventut que ara és vidu i... i mentre la miro ella sense compromís obre el seu ventall i comença amb el seu canell retorçat a fer moure l'aire i apareix un tímid somriure o és una punta de transpiració apressada per la cua de l'ull que ha fet girar-se aquesta rosa delicada o és la memòria o una visió d'ella mateixa amb el seu primer ventall en una festa de Cap d'Any o una festa d'estiu quan era una noia a Tarragona i els joves anaven fins a la mare i li demanaven a ella per passejar plegats i era el ventall que l'entretenia i l'ensenyava el bé de la conversa i el temps i fos el que fos en l'aire que l'escalfava o la refredava i el nom de l'home ha canviat i ella estava sola com la majoria dels dies presents i no podia equivocar-se.

## #57

### *Galvany Market*

August had been unbearable . . . no almonds from Teresa whose dark eyes & perfect teeth could always charm my day, no queso de cabra from Danella with that sexy hip-twitching limp & no pechugas de pato from the twin blond daughters of Maria Christina who stands guard at her egg concession across the aisle. But this new day opened with a light breeze off the Med & at six AM I swear I smelled coffee roasting at Bon Mercat, heard the distinct lowing of cattle & cackle of fowl & knew the Galvany market would open soon & on time & be packed with its dazzling bounty & once again ply me with its delights of candied dates & honeyed plums & star-fruit & four kinds of peaches & melons & eggs with bright orange yolks & Rosinols, those musky yellow mushrooms & quail & pheasant & leg of milk-fed lamb & bull's balls & pig's feet & sheep's heads & I knew order had returned & summer had past.

## #57

### *Mercat Galvany*

L'agost ha estat insuportable... No hi ha hagut ametlles de la Teresa, aquella dels ulls foscos i les dents perfectes que sempre pot arreglar-me el dia, no, tampoc formatge de Cabra de la Danella que té un caminar que coixeja de maluc i sexual i cap pit d'ànec de les dues bessones de la Maria Cristina que les observa des de la polleria de l'altre cantó del passadís. Però aquest dia no ha obert amb una lleugera marinada i a les 6 del matí puc jurar que he sentit l'aroma del cafè torrant-se al Bon Mercat i escolto el mugit del bestiar i l'escatainat soroll de l'aviram i sabia que el mercat Galvany obriria aviat i a l'hora i estaria ple d'enlluernadores ofertes i altre cop atendre'm amb les seves llaminadures de dàtils ensucrats i meloses prunes i fruita estrellada i quatre classes de préssecs i melons i ous amb rovells taronja brillant i rossinyols, aquests bolets color groc muscat i guatlla i faisà i cuixa d'anyell i turmes i peus de porc i caps de bé i sabia que l'ordre havia tornat i l'estiu havia passat.

*#58*

***Santa Eulalia***

*1]*
. . . to have a patron . . . an ambassador in heaven . . . direct line to Him Himself . . . to harness authority . . . & love . . . to celebrate

pain over power . . . commitment over acquiescence . . . Ah! There's a Barcelona martyr!

Alone & hallowed in her little window, on her own street, preserved in a fusion poetry & flowers & we all stand mute, in awe of her grit:

the *whipping* the *flaying* the *hot coals* the *salted wounds* the *boiling oil* the *molten lead* the *lye* the *ravenous fleas* & finally . . . bound naked

in a cask of nails & broken glass only to be crucified after rejecting the advances of the Roman Consul's son & . . .***"The Roman Consul's Son?"***

*2]*
Dear Eulalia,
I have seen you in your father's care & have admired you from some great distance & far too long & now I must come & be with you & share your life & seek your every moment as in my heart you lie asleep & only need for me to wake you to your true beginning. With all my love . . . *& on & on & on!*

*3]*
& so it must have been . . . with Dad pulling a few strings & here she was a kicking, biting, scratching Christian virgin saying, NO!
[to be sure] & they . . . YES!

So they burnt her & boiled her & dragged her through nails & glass & through the streets naked & finally hung her up to be here

in this sweet alcove praised & arrayed in flowers & to this day admired for taking it all & never caving in . . . so much like ***Catalunya,*** wouldn't you say?!

*#58*

***Santa Eulàlia***

*1]*
...Tenir un amo... Un ambaixador en el paradís... línia directa amb Ell... amb Ell mateix ... Els guarniments de l'autoritat... i amor... per a celebrar

el dolor per damunt del poder... la voluntat per damunt de la condescendència... Ah! Hi ha un màrtir a Barcelona!

Sol i consagrat en la seva petita finestra, en el seu propi carrer, preservat en una fusió de poesia i flors i tots estem enlluernats en reverència per a la seva fortalesa de caràcter:

les *fuetejades* les *arrancades de pell a tires* els *carbons roents* les *ferides farcides de sal* l'*oli bullint el plom fos* el *lesiu* les *afamades puces* i finalment... un a pèl.

en una bota de claus i vidre trencat solament per a ser crucificat després de rebutjar les propostes deshonestes del fill del cònsol romà... ***«El fill del Cònsol romà?»***

*2]*
" Benvolguda Eulàlia,

T'he vist protegida pel teu pare i t'he admirat des de la distància i des de fa molt de temps i ara he de venir i estar amb tu i compartir la teva vida i cercar cada moment com si el meu cor dormís amb tu i només tingués necessitat de despertar-te per al teu primer i real començament. Amb tot el meu amor... I *més i més i més!*

*3]*
i així hauria d'haver estat... amb el Pare fent servir algunes influències i allí era ella una verge cristiana que paladejava, mossegava i deia NO!
[per estar-ne segura] i ells... SÍ!

Així que la van cremar i la van bullir i la van arrossegar per les ungles i vidre i la van arrossegar pels carrers despullada i finalment la van penjar per estar aquí

en aquesta dolça i petita cambra pregada i ben arreglada de flors i fins avui dia recordada perquè va patir-ho tot i mai no va claudicar... A l'igual que ***Catalunya,*** n'estàs d'acord?!

**#59**

***Santa Llucia***

*. . . my eyesight is poor, 850 / 650 is what the doctors tell me & my Grandfather Joseph 'went blind,' as they say, long before he died . . .*

*1]*
Rome's reign elicited most noble acts & beauty & grace again was their undoing.

*2]*
"If you must defile me & my love of He who is He then take these eyes &
to hell with you all . . ." L.

*3]*
"Oh, most gracious & beautiful Llucia. We must have you eyes or no eyes. Blue or black or naked of eyes. Do not reject us, we who love you, we who hold your life . . ."

*4]*
& when it was done, it was done . . .

*5]*
& now she walks these winding streets, a classically dismembered ghost &
bears her eyes, like eggs on a public plate & waits outside with blind &
sighted supplicants perhaps to join a mate or mend
a disregarded faith – or fix, in fact,
our failed vision . . . who can say?

**#59**

## Santa Llúcia

*. . . La meva vista és pobra, 850 / 650 és el que em diuen els metges i el meu avi Josep «va tornar-se cec», així ho diuen, molt abans de morir. . .*

*1]*
L'imperi romà evoca els actes més nobles i la bellesa i la gràcia que va ser altre cop la seva caiguda.

*2]*
«Si has de profanar-me i el meu amor cap a Ell i d'Ell qui és de qui prenc aquests ulls i a fer punyetes amb tots vosaltres. . .» L.

*3]*
«Oh, la més bonica i gentil Llúcia. Ens calen els teus ulls o no tenir ulls. Blaus o negres o despullats d'ulls. No ens rebutgis a nosaltres que t'estimem, nosaltres que guardem la teva vida...»

*4]*
i quan es va fer va estar fet. . .

*5]*
i ara ella camina per aquests carrers retorçats un fantasma clàssic i desmembrat i present els seus ulls en una plata pública com si fossin dos ous i s'espera fora amb els cecs i captaires que hi veuen potser per afegir-se a un company o arreglar una menystinguda fe, o fitxar de fet,
la nostra visió que ens falla... Qui ho pot dir?

***#60***

## *Lunch With A Young Friend*

*"Inevitably, we must sample it all"*

Wisdom has a way of ignoring age & over a leisurely lunch of verduras a la brasa, tuna salad & a crisp Sauvignon Blanc, I relished your
insistence that we sample your country's dates &

honey from the desert, the pressings of the latest vintage & especially those delicious lips, offered in a moment of passion, why, how else
to tell the keepers from the dross, you said . . . not unlike,

pondering all aspects of a ripe & succulent fig / peeling it back & eating it too
. . . *best quartered with a touch of brandy & berries over rich vanilla cream.*
More, I'd say, like J & I scaling Kilimanjaro

climbing to sleep & climbing again to climb . . . in cold & dark & to arrive . . .
to claim the summit at sunrise, headache or no, the thrill is in the climb &
without it, a peak is but a peak,
for all that!

## #60

**Dinar amb una amiga jove**

*«Inevitablement, ho hem de provar tot»*

El seny té una manera d'ignorar l'edat i tot compartint un agradable dinar de verdures a la brasa, una amanida de tonyina i un cruixent Sauvignon Blanc, jo assaboreixo la teva insistència en què provem les dates dels nostres països i

mel de les postres, els rastres de la darrera verema i especialment aquests llavis saborosos, oferts en un moment de passió, perquè, com cal dir-ho als guardians i callar-ho per l'escòria, has dit... Gens fàcil,

estudiant tots els aspectes d'una figa madura i suculenta / pelant-la i menjant-te-la també... *Millor oberta amb un toc de conyac i cireres per damunt d'un cremós gelat de vainilla.* Més, jo diria a la manera de J i I escalant el Kilimanjaro

pujant per a dormir i pujant altre cop per pujar... a la fredor i a la foscor i arribar... per exigir el cim a l'albada, amb mal de cap o no, l'emoció està en la pujada i sense, un cim és només un cim,
per tot això!

**#61**

***Sunday Afternoon In Gracia***

It could be anywhere they play *"The Music."* It could be New York, San Francisco, Chicago, Paris, Tokyo, Amsterdam, Venice . . . it could even be New Delhi but, in fact, it's right here in Barcelona & it's Manel Camp & Santi Arisa pounding & whomping & stomping & thumping his drums *with both hands* (as they say) wailing even on their sign as it billows in a stiff noonday breeze . . . it could be anywhere but it's here in Gracia in Barcelona on Sunday & the kids & dogs & babies & moms with theirs & the pregnant ones & dads in sandals & hipsters in tie-dye & old ladies on their balconies & old men in their underwear on theirs & skate boards & bicycles & the square's overflowing & the gig's driving higher as Manel & Santi find a groove & knife right on through the fabric of the day like lightening running downhill & we're all on our feet & clapping & popping & jamming the beat 'till it's done & we're back & will be on any Sunday . . . bet on it!

## *#61*

### *Migdia de diumenge a Gràcia*

Podríem estar a qualsevol lloc, ells toquen *La Música*. Podríem estar a Nova York, San Francisco, Chicago, París, Tokio, Amsterdam, Venècia... fins i tot podríem estar a Nova Delhi, però de fet passa aquí mateix a Barcelona i són Manel Camp i Santi Arisa martellejant i copejant i a puntades de peu i donant cops forts contra els seus tambors *amb les dues mans* (tal com ells diuen) gemegant fins i tot en la seu senyal com si bufes una forta marinada de migdia . . . Podríem ser a qualsevol lloc però som aquí a Gràcia a Barcelona i un diumenge i la mainada i els gossos i els nadons i les mames amb els nens i les embarassades i els pares amb sandàlies i les noies joves amb roba tenyida i les dones grans al balcó i els homes grans amb roba interior en els seus balcons i els patins i les bicicletes i tota la plaça de gom a gom i la festa pujant de to mentre en Manel i en Santi troben el camí i el tall a través de la tela del dia corre com si fos un llampec muntanya avall i tots dempeus i aplaudint i sortint i ajuntant-nos amb el so fins que s'ha acabat i tornem i serà altre cop un diumenge. . . Te la pots jugar!

**#62**

***O'Brindis***

. . . my local. My pub. My corner tap. My hang-out after 10 &
last night a voice from the back rose to call us all.

Gospel in Barcelona. Not a chance. Not a church close by plays to gospel
groupies, but here she was, no more than 18 &

'workin the pews,' as they say, for Jesus & who ever else wanted to ride, like
the silver-haired-gentleman who stopped sipping his cortado to pop / pop / pop

his fingers & Jose, the off-duty bus driver, half-way through a Chivas & coke
who tried to sing along & as she stretched the high ones, I grinned & saw

there's no one's watching soccer on TV only her / knocking back the
battlements at Jericho, rallying the troops at Selma & even

conjuring a svelte Mahalia . . . if you closed your eyes.

**#62**

***O'Brindis***

...El bar de casa. El meu bar. El de la cantonada. Allà on em trobes després de les 10 de la nit i ahir al vespre una veu des del fons ens va cridar.

Gospel a Barcelona. Ni et passi pel cap. Cap església propera per a membres del *gospel,* però aquí la teníem, no tenia més de 18 anys i

«ja es treballava les ànimes», tal com es deia, per a Jesús i per a tot aquell que vulgui pujar, com l'home amb cabells platejats que va deixar de prendre el seu tallat per a cop / cop / cop

amb els dits i Josep, el conductor d'autobús que estava fora de servei, a la meitat del seu Chivas i Coca-Cola va tossir mentre volia cantussejar i ella pujava per les notes altes i somreia i veia

que no hi havia ningú mirant futbol per la tele, només ella / amb la voluntat d'enderrocar les muralles de Jerico, congrega tropes a Selma i fins i tot

evocar una primeta Mahalia ... si tancaves els ulls.

#63

*Montjuic – The Cemetery*

Some of the vaults are empty. A few mildewed flowers. Mostly, plastic
    or silk.
An elaborately carved snake at the base of a crucifix catches my eye . . .
the skeleton ensconced in a chiseled marble shroud.  Where are the dead
who's families could not keep them manicured & prim?  Is there
a dump at the back . . . a 'catch-all' for the remains of the forgotten?

Should we be concerned, we who think more of our camera's angle to
    the sun
than angel's wings. We, who follow the track of the dead from one famous
graveyard to the next . . . expecting . . .what?  What have the living to do
with the dead?  . . .  What have the living to do
but tend what's here & wait.

#63

*Cementiri de Montjuïc*

Algunes de les criptes estan buides. Unes flors emmalaltides. La majoria són
de plàstic o de seda.
Una tallada i elaborada serp a la base d'una creu em crida l'atenció... Un esquelet còmodament instal·lat en un sudari de marbre cisellat. On són els morts d'aquelles famílies que no poden mantenir-los primmirats? Hi ha al darrere un abocador... Un «lloc comú» per a totes les despulles que s'han oblidat?

Hauríem de tenir en compte nosaltres que ens importa més l'angle
del sol
a les càmeres que en les ales de l'àngel. Nosaltres que seguim el senyal dels morts d'un cementiri famós fins a un altre... Esperant... què?... Que han de fer els vius amb els morts?... Què hem de fer els vius si no atendre el que hi ha aquí i esperar.

#64

*Generations*

The bus is almost full when they arrive. The older & shorter has bright blue eyes & a delicately crinkled face poised above a light

beige suit & smartly pressed silk blouse. The next wears a bit more jewelry & just the beginning of a crease

across her brow. The last is easily the youngest & with the poorest posture, tends them both.

On this first Tuesday in September they've come . . . 'To shop.' '. . . enjoy an early lunch.' 'To take the air.' The oldest being,

at least, 85, will not welcome hands-on care. Would, make it on her own. Certainly, has run this route before. Probably, her daughter in

diapers or grand-daughter in a basket. This time, as in the past, she leads them off. Only a moment's hesitation when the bus's surge

catches her off-guard. It wont happen again. & don't try to help. She will not have it. Just, come along. No need for the cane. I know the way.

**#64**

***Generacions***

L'autobús és gairebé ple quan arriben. Les velles i les baixetes tenen els ulls blaus brillants i una cara delicada i arrugada amb equilibri per damunt un clar

vestit beix i una ben planxada brusa de seda. El proper porta una mica més de peces de joieria i sols el començament d'una arruga

de cantó a cantó de front. El darrer és sens dubte el dels més joves amb la positura més pobra tendeix cap als dos anteriors.

En el primer dimarts de setembre elles vénen… «A comprar»… A gaudir d'un dinar abans d'hora. «A prendre l'aire.» La més vella tindrà

al menys, 85, i no li agrada que la serveixis. Li agradaria fer-ho tota sola. Del cert, ja ha passat per aquesta carretera abans. Probablement la seva filla

en bolquers o la seva néta en una cistella. Aquesta vegada com en el passat ella porta la veu cantant. Només dubta un moment quan l'autobús dóna un cop

i l'agafa desprevinguda. No tornarà a passar. I jo no intento ajudar. No m'ho permetrà. Au endavant. Cap necessitat del bastó. Ja sé el camí.

#65

*Alchemists Who Take The Sun*

You've seen them, with summer, on every beach from Bali to Barcelona.
Solitary men with gleaming skins,
leathery & oiled, beyond tan, into shades of purple, black & blue.

But you wont often see them come or go with a simple plastic bag
to stash their goods & they don't gather in cliques or
share the news or stare . . . & as the skin thickens, the eyes grow pale &

bronze highlights the hair & nails on the fingers shine like ivory & soon
the entire body astonishes & glows as if transformed
from flesh to gold.

**#65**

***Alquimistes que prenen el sol***

Els has vist, amb l'estiu, en cada platja des de Bali fins a Barcelona.
Homes solitaris amb pells que rellueixen,
coriàcies i olioses, més enllà de la morenor, arriben a tonalitats liloses, negre i blau.

Tot i que no els veuràs sovint anar i venir amb una senzilla bossa de plàstic per posar-hi les seves coses i ells no s'ajunten en colles o
comparteixen les sedasseries o es fixen... i mentre la pell s'endureix, els ulls es fan més pàl·lids i

i les metxes d'aram en els cabells i les ungles del dits lluentegen com ivori i ben aviat tot el cos encantat i brillant com si es transformés
de carn a or.

**#66**

***September 11***

*In Fossar de les Moreres 'cemetery of the mulberry trees' lie the remains of those who died during the siege of Barcelona in 1714 which ended the war of Spanish Succession.*

. . . but the keepers laid the invaders beyond the trees & only patriots
to the center, so too the digger who found his son a traitor &
tossed him out as well.

Such is the lot of the soldier.

———

. . . but it's **La Fiesta Nacional de Catalunya** when the flag is flown high & the anthem plays all day & the graveyard (paved now & host to an eternal flame) swells with memories of the old grave digger &

cheers for "Free Catalunya!!!" resound around the walls of the church of Santa Maria del Mar & peddlers hawk key-chains & pendants & pins &
the story of the siege is acted out & images exhumed &

we're tempted to raise our arms in salute & cheer & whistle & march away with our banner raised but we are the 'stranger' here & have no claim so we step aside & only snap a picture & leave

down the quiet 'street of the whores' for a coffee & an early lunch but we wear our Catalan flag in our lapel & nod to all who pass & smile & for a moment – we too belong.

**#66**

***11 de setembre***

*En el Fossar de les Moreres «cementiri de moreres» resten les despulles de tots aquells que van morir durant el setge de Barcelona el 1714 quan va acabar la Guerra de Successió espanyola.*

...Però els guardians van deixar els invasors més enllà dels arbres i només els patriotes al centre, com també l'enterramorts que va trobar que el seu fill era un traïdor i també el va fer fora.

Aquesta és la sort del soldat.

———

... però és la *Festa Nacional de Catalunya* quan la bandera ondeja ben alta i l'himne es toca tot el dia i el cementiri (empedrat i hoste d'una flama perpetua) és ple de gom a gom amb els records del vell enterramorts i

els crits de «Catalunya lliure!!!»ressonen pels afores de les muralles i per l'església de Santa Maria del Mar i els venedors de cadenes d'ullals de falcó i arrecades i agulles i la història del setge torna i les imatges són desenterrades i

estem temptats a alçar els braços i saludar i ovacionar i xiular i desfilar amb la nostra pancarta ben alta però aquí som 'l'Estranger' i no tenim cap dret així que ens apartem i només prenem una foto i marxem

cap avall cap a un tranquil carrer de putes per a prendre un cafè i un dinar abans d'hora tot i que nosaltres portem la bandera catalana en la solapa i saludem tot aquell que passa i fem un somriure i per un moment nosaltres també som ells.

## #67

### *Trees*

Tough, resilient & broad the Plane trees die a bit each summer only to burst new buds at the first sign of rain. & today there's a parrot & a pigeon & another opportunity to feed you

the diet you need. You who come with the seasons like a trip-hammer & all I can do is keep ahead digging around for the right bait & the right hook or is it the right tool for the job . . . I always confuse the two but

without thinking I accept these Barcelona dreams as if they were the real thing. Take Wilson for example. Wilson, the pilot from Birmingham, who'd rather eat Simon the bear than Prawns with garlic & peppers. Or Samantha

from New Orleans who's tried the American Club but prefers Moroccan herders. Or Bunny from Cincinnati who taught us all 'a little bugger goes a long way.' Or, as I've always said, we get what we deserve &

we deserve the best & the first stop's just up the street. Save a seat.
I'll not be more than a ritual away.

**#67**

*Arbres*

Dur, resistent i ample el plataner mor una mica cada estiu per només tornar a esclatar amb nous brots a la primera pluja. I avui hi ha un lloro i un colom i una altra oportunitat per donar-te de menjar

la dieta que et cal. Véns amb les temporades com un martell mecànic i l'única cosa que puc fer és anar primer buscant l'esquer que pertoqui i el ganxo adequat o és l'eina que cal per la feina... Sempre em confonc d'entre els dos però

sense pensar accepto que aquests somnis de Barcelona són com si fossin reals. Pensa amb en Wilson per exemple, el pilot de Birmingham que abans es menjaria a L'ós Simon que unes gambes amb all i pebre. O a la Samantha

de Nova Orleans que vam provar el American Club però que prefereix pastors del Marroc. O la Bunny de Cincinnati que ens va ensenyar que una mica de mariconejar t'arriba per a molt! O, tal i com he dit sempre, tenim el que ens mereixem i

ens mereixem el millor i la primera parada és ben a prop, a dalt del carrer. Guarda un lloc. No estarà més lluny que un ritual de sempre.

*#68*

*Festa Major de Barcelona: "els Castellers"*

As fliers will. Or jumpers or racers or fighters or any daring devil set to pit the best, they too climb, one upon the other, foot to crook of knee to hip to hand to shoulder & the next & the next & they build one upon two upon three like a great castle (which is what they're called) of skin upon bone & bone upon skin & at the top / the very top / all six levels / to the top / there kneels a small boy who rises up in victory & the holiday crowd in Placa Sant Jaume goes berserk as they release / as they were built / united / hand by foot by hand by . . .

### #68

### *Festa Major de Barcelona: els castellers*

Com volen els aviadors. O els saltadors o els pilots de carreres o els lluitadors o qualsevol atrevit diable que es disposa a ser el millor, ells també pugen, un sobre de l'altre peu per enganyar un genoll per un maluc per una mà a una espatlla i el proper i el proper i ells fan pila un sobre dos sobre tres com un gran castell (així es diuen) de pell per sobre l'os i l'os per sobre la pell i a dalt / a dalt de tot / al nivell sis / a dalt / allí s'agenolla un nen petit que s'alça en victòria i la gent de festa a la plaça de Sant Jaume es torna boja quan ell es deixa caure / de la manera que es van fer / plegats / mà per peu per mà per...

**#69**

***Sixty – Nine***

A fitting number for the city whose couples parade affections like a litter of pups: willful, wild & Oh, so adoring &

who would not celebrate these lovers of Barcelona whose place is anywhere two bodies press & strike a flame

against the fountain's wall, where a hand may stray inside a blouse or along the unzipped fly. Who but a fool would ignore the caress

between stops on linea tres while heading home from El Corte Ingles or a thick tongued kiss on the slopes above Guell Parc? Not

in Barcelona, where the stroking hand plays a sacred tune no matter the player's age & torsos entwine at every turn.

## *#69*

## *Sixty – Nine*

El nombre adequat per una ciutat en què les parelles mostren el seu afecte com si fossin cadellada: amb ganes, salvatges i també tan adorables i

qui no voldria celebrar aquests amants de Barcelona que el seu lloc és qualsevol lloc quan dos cossos s'uneixen i s'encén la febre

contra la paret de la font allí on la meva mà pot perdre's dins una brusa o a través d'una cremallera descordada. Qui que no estigui boig pot ignorar les carícies

entre parades de la línia tres tornen a casa d'El Corte Inglés o un petó de llengua cargolat en els pendents més amunt del parc Güell? No

a Barcelona, on les carícies de les mans tocant una melodia sagrada sense importar gaire l'edat del músic i quan els cossos s'enllacen en cada giravolt.

**#70**

***Festa Major de Barcelona: "Gegants, Capgrossos & Bastoners"***

. . . fifteen feet these giant Kings & giant Queens led by a grinning cat & tracked by a pair of cocky birds whose all-too-human breasts elicit smiles & sighs & after them fishwives with plates of hake & roly-poly heads too big for their feet & barons & priests & sailors & kids to play the pipes & drums coursing down The Ramblas tossing confetti & streamers & dancers tumbling & twirling & hoisting their canes in stride & time to the bands which clamber & clang & whistle & clap & the giants too are spinning & the crowd surges & families race ahead to snap pictures & we all merge in the square to applaud & take a wine or coffee & sample cakes & handmade chocolate & honey & marmalade & soon drift up the street to the next plaza where a lone guitar & flute remind us of a quieter time & we drop a coin & listen & gather our strength for today's 'Fiesta' & there're many hours more to come.

## #70

### *Festa Major de Barcelona: gegants, nans, capgrossos & bastoners*

...Més de tres metres tenen aquests reis gegants i aquestes reines gegants que porten al davant un gat que somriu i seguits per un parell d'aviram que amb pits massa humans permeten somriure i sospirs i després dones de sa casa i de peix amb plates de bacallà i caps com braços de gitano massa grans pels peus i barons i capellans i mariners i mainada que toca el tambor i la flauta tot fent rua Rambla avall mentre llencen paperets i serpentines i ballarines que fan tombarelles i giravoltes i porten els seus bastons com amenaça i temps per a les orquestres que grimpen i topen i xiulant i aplaudint els gegants també fan giravoltes i també la gentada bull i les famílies corren per prendre fotos i tots ens trobem a la plaça per aplaudir i prendre vi o cafè i provar els pastissos i xocolata desfeta i mel i confitura i ben aviat sortir cap al carrer del costat de la plaça on una guitarra sola i una flauta ens recorden temps més tranquils i nosaltres deixem caure una moneda i escoltem i ens enfortim per la «Festa» d'avui i encara queden moltes hores.

## #71

### *Festa Major de Barcelona: Night*

. . . soggy confetti everywhere & garbage trucks jostle for space to haul it off but at Plaza Catalunya a hot Cuban band with a dancer who just can't wait to show her moves or a wonderful pear-shaped ass kicks out a slick chunk of rhythm & reggae while at Plaza Reial flower vendors thin their trim bouquets & a tough & dedicated mime still sticks his sword to some king's guard as tourists chug-a-lug the last & at-the-bus the elders nod & smile while younger couples nuzzle like eager ponies & as the dark closes in there's me & just about a thousand more because this is Barcelona the *other* city which never sleeps & it's the fact of Fiesta Major.

## #71

### *Festa Major de Barcelona: la nit*

...Confeti humit pertot arreu i els camions de deixalles es barallen per espai per a carretejar-ho tot però a la plaça de Catalunya hi ha una banda de música calenta cubana amb una ballarina que no pot esperar mostrar amb els seus moviments un cul amb forma de pera meravellós que copeja un bon tros de ritme i *reggae* mentre a la plaça Reial venedors de flors allargassant els seus petits rams i un fort i dedicat mim encara clava el seu sabre a un guardià del rei com els turistes que de presa arriben els últims i en l'autobús els vells inclinen el cap i somriuen mentre una parella de joves es morreja com dos ponis adelerats i així com la nit es tanca hi sóc jo i potser un miler més perquè aquesta és Barcelona *l'altra ciutat* que mai no dorm i de fet és Festa Major.

#72

*Dreams Of Ron*

. . . dead these seven years & there you were as animated & sure calling down the stairs for me to "Come on up." & "Bring a beer." & in our way we'd kick reality around . . . & I remember how you'd whack away

on masonite or carvas or cardboard or silk. . . obsessed with freeing up the energy / for colors to explode / thicker & thicker / layer on layer / until the weight alone could topple the board . . . But here, in Barcelona, I had to shake myself

wonder . . . yesterday it was, among those sculpted giants, I spied your six foot six & mass of curly hair (silver in the last snap-shot) maybe in the guise of sailor or prince or the painter you were.

They say you went quietly in sleep but after a full week of cognac & beer as if you'd never stopped driving the edge one hand on the wheel the other slathering paint . . . until the weight alone . . .

#72

*somnis d'en Ron*

. . . mort des de fa set anys i aquí estàs tan animat com sempre i és clar cridant-me des de baix de les escales "puja cap amunt" i "porta una cervesa" i a la nostra manera ja anàvem canviant la realitat... i com jo et recordo

fotent-li fort a unes peces de marbre obsessionat amb alliberar l'energia / dels colors per explotar / gruixut i més gruixut / capa rere capa fins que només amb el pes podries capgirar la base . . . Però aquí, a Barcelona, m'havia d'espavilar

alliberar-me i demanar-me per què. . . ahir va ser, entre aquells gegants de cartó, et vaig veure amb els teus dos metres i més i un bon tros de cabells arrissats (que s'havien tornat platejats en la darrera foto) potser a la moda d'un mariner o un príncep o un pintor tu hi eres.

Ens van dir que vas morir sense fer soroll dormies però després d'una setmana plena de conyac i cervesa com si mai no haguessis conduït pel cantell una mà al volant i l'altra afegint pintura fins que sols el pes...

#73

***. . . For All That***

Sunday is sacred. Not holy. That's for saints.

On Sunday the metros fill & solo or coupled, in families or not, with prams
or bicycles, the people ordain the day . . . :

grandma who tweaks the baby's cheeks & croons her lullaby
clapping the infant hands in rhythm to the beat, a father

riffing with his son, serious at first then one pokes the other's ribs & up
they go laughing out-the-door & the stone-faced guy,

with his ten-speed & his girl, who pops the widest grin & lays a quick kiss
on her surprised lips & two nuns knitting &

mom & dad with their hamster cage & four boys each with his own
parakeet &

a sweaty soccer team who must have won given the cheers they raise &

two girls with strings of licorice candy who tug & pull & twist in unison &
a rather stout woman with a Pekinese in a paper bag &

just as I'm about to leave, on walks a brace of chanting sailors & two
models passing out sample perfume, because

it's Sunday & we're all riding to get there & it's always best when done
together . . . for all that.

## #73

### *. . . Per a tot això*

Diumenge és sagrat. No sant. Això s'escau als sants.

En diumenge els metros s'omplen i sol o en parella, en família o no, amb cotxets o bicicletes, la gent ordena el dia. . .

l'àvia que pessiga les galtones d'un nadó i xiuxiueja la seva cançó de bressol picant de mans amb les de l'infant amb ritme per copejar, un pare

barallant-se amb el fill, seriós al principi després un burxa la costella de l'altre i vinga surten rient per la porta, l'home amb la cara de pal

amb el seu vehicle de deu marxes i la seva xicota que deixa anar el somriure més ample i ella estampa un petó ràpid en els seus llavis sorpresos i dues monges fent punt de mitja i

la mare i el pare amb la gàbia de l'hàmster i quatre nois cadascú amb el seu propi periquito i

un equip de futbol suat que deu d'haver guanyat els encoratja i ells s'alcen i

dues noies amb trossos allargassats de regalèssia roja i s'estiren i s'arronsen i es torcen a l'uníson i

un dona apersonada amb un petit gos pequinès en una bossa de paper i

quan estic a punt de sortir, entra una tropa de mariners cantant i dues models reparteixen mostres de perfum, perquè

és diumenge i tots nosaltres anem fins allà i sempre és millor que ho fem plegats... per tot plegat.

#74

***Festa Major de Barcelona: "Correfoc" @ Catedral de Barcelona***

*It began, four days before . . . Before God's house . . . Massive . . . & even more . . . : The Assumption of Mary. . . unfettered '. . . into heaven.' Patron Saint of Barcelona & its 'Virgin Of Mercy' & this has been Her feast . . . four days & nights, until this night, all hers . . .*

---

*. . . before god's house. . . Massive. . . & even more at sundown . . .*

& at its edge & all around & clothed in rags & tatters the others who've come to dance on God's old sod – in smoke & in flames – the children first & beasts of the night & horned & bare & naked creatures & those who ooze fire & spew gasses & excrement & molten ore from the core of the earth's dead soul & those who rise up from the sinew of the night bearing broken bodies & cast-off babes & hoary squadrons of lizards & snakes & mammoth dragons coated with smoke & blood & scales & screeching & belching & Yes! Tonight's the night to dance with the devil on God's green turf & Satan Is Here! & dines with all his brides & concubines & you if you're brave enough & take the heat & laugh & cajole & give yourself unfettered & untamed for that's the price for a quick ride & the spark to keep you hot & true until he comes again!

**#74**

***Festa Major de Barcelona: correfoc@catedral de Barcelona***

*Va començar fa quatre dies... davant de la casa de Déu... Gentada... i fins i tot...:*
*L'Assumpció de la Verge Maria... desencadenada... fins el paradís. La Santa Patrona de Barcelona i*
*és la Verge de la Misericòrdia i aquesta ha estat la Seva festa... Quatre dies i nits, fins aquesta nit,*
*tot per a ella...*

---

*...Davant de la casa de Déu... Gentada... i fins i tot més a la posta de sol.*

i pels racons i pertot arreu i vestits en qualsevol cosa i de segona mà tots els que han vingut a ballar la dansa de la vella gleva de Déu -en fum i flames- els nens primer i les bèsties de la nit i amb banyam i sense res i despullades criatures i aquelles que treuen foc pel nas i deixen anar gasos i excrements i mena fossa de les entranyes de l'ànima morta de la terra i aquells que ressusciten dels tendons de la nit i carretegen cossos desmembrats i nadons descartats i canuts esquadrons de llangardaixos i serps i dragons gegants repintats amb fum i sang i escates i que es rasca i que fa rots i sí! aquesta és la nit per ballar amb el diable en la gespa de Déu i Satanàs és aquí! i sopa amb les seves núvies i concubines i si ets prou valent i pots aguantar l'escalfor i riure i enganyar i lliurar-te completament lliure i sense estar dominat perquè aquest és el preu d'una volta ràpida i les espurnes de foc per mantenir-te calent i la veritat fins que ell torni altre cop!

## #75

### *Equus Catalunya: An Exhibition*

For Ellen

Ellen says she's always wanted a horse of her own . . . to groom & feed & ride into the day

like a princess on a magic fleece . . . to wheel & soar & race with immanent trust league after league . . . &

like most young girls who share this yearning for a noble power between their knees

she's cherished this rite for years & on this clear October afternoon, warms her palms against the muscled necks, her

fingers on the silken manes & muzzles still seeking that special one who'll bear her off & take her

everywhere but home.

#75

## *Equus Catalonia: una exposició*

Per a l'Ellen

L'Ellen diu que ella sempre havia volgut un cavall propi... per tenir-ne cura i alimentar-lo i cavalcar tot el dia

com una princesa en un velló màgic... Per donar voltes i elevar-se i fer curs-es amb una confiança immanent llegua rere llegua... i

com moltes altres noies joves que comparteixen aquest anhel per a tenir un poder noble entre les cames

ella ha acariciat aquest ritual durant anys i en aquesta tarda clara d'octubre calenta, els palmells de les mans contra els colls musculosos, els dits

per les crins i les morralles tot cercant aquell tan especial que li donarà recolzament i la portarà

a qualsevol lloc excepte a casa.

#76

*Coffee*

We engage the first at ten AM. Not too powerful / smooth & sincere with a serious float of rugged cream. At twelve there'll be another somewhat more complex & mature with a hint of cinnamon & devious strength. At lunch a third, delicate but brutal with a simply charming chocolate tart.

Our clandestine rendezvous at four is usually colossal but calm while five is likely to be demanding & regal & black.

At eight there's the rude & the mighty but ten's unusually brief, courteous & extremely courageous . . . we've tried to avoid eleven (always barbarous & frank) but if we survive there's always twelve with her smug & vulgar . . . & a hint of rage.

## #76

### *Cafè*

Prenem el primer a les deu del matí. No gaire fort / suau i sincer amb una seriosa superfície de crema aspra. A les dotze del migdia n'hi ha un altre d'alguna manera una mica més complex i madur amb un punt de canyella i una potència tortuosa. A l'hora de dinar el tercer cafè, delicat però brutal amb un simple i encisador pastisset de xocolata.

El nostre lloc de trobada clandestí a les quatre és per norma colossal però calmat mentre que a les cinc és pretensiós i regí i negre.

A les vuit hi ha el mal educat i potser a les deu, per norma és breu, educat i valent amb desmesura... nosaltres sempre hem evitat el de les onze (sempre franc i bàrbar) però si hem de sobreviure sempre n'hi ha un a les dotze amb el seu posat de cregut i vulgar... i un pèl enfurismat.

**#77**

***Storm***

. . . the skies breathe a deep sigh & timid dogs howl & bark & in the heart of the night young women from the city parade at their windows naked or in shimmering gowns to witness the great muttering from the north the inarticulate roar of he who is trapped in the clouds but reaches for their hand & shoots down as if on a thin white cord the ladder to climb.

**#77**

***Tempesta***

...El cel deixa anar un profund sospir i els gossos tímidament udolen i borden i en el cor de la nit dones joves de l'espectacle de la ciutat estan a les finestres despullades o amb batins lleugers per observar el gran xiuxiueig des del nord el bram sense articular d'aquell que està atrapat pels núvols però s'atansa amb les mans i fa caure a terra com si estirés d'una petita corda blanca l'escala per a pujar.

#78

***Voices: Fundacio Joan Miro – An Exhibition***

*1]*
*The unswerving eye of the ear* absorbs each shock like a mystery
to be solved / no time for reflection: suicide, seduction, arson, murder . . .

*2]*
Quick as a shattered mirror / quicker than blood. The ear conceives:
stranger, enemy . . . friend /

*3]*
They're everywhere. Even in this box. Lift the lid. Listen. Hear them?
What do you hear? Are you sure? Come closer. Try again!

*4*
The image is supplemental / The ear demands / history
or the haste to hide it . . . no utterance will escape. Nor may we.

*5]*
The present is pregnant: slice it open . . . out leaks the past & future: hear
& be warned / hear & be soothed / hear & be set adrift . . .

*#78*

***Veus: Fundació Joan Miró. Una exposició***

*1]*
*El constant ull de l'orella* absorbeix cada cop com si fos un misteri
per a resoldre / no hi ha temps per a la reflexió: suïcidi, seducció, incendi, assassí...

*2]*
Ràpid com un mirall trencat / més de pressa que sang. L'orella concep:
Estranger, enemic... Amic /

*3]*
Són arreu. Fins i tot en aquesta capsa. Alça la tapa. Escolta. Els sents? Què és el que sents? Estàs segur? Apropa't. Fes-ho altre cop!

*4]*
La imatge és annexa / L'orella demana / història
o la frisança per amargar-la ... cap so s'escaparà. Potser nosaltres tampoc.

*5]*
El present està prenyat: obre'l de bat a bat... raja el passat i el futur: escolta i estigues avisat / escolta i calma't / escolta i deixa't anar...

#79

***. . . Boots Of Spanish Leather***

"Give me substance," she demands,
her perfumed lips already wrapped around another.

"Give me liberty," he whines, one hand on the throttle the other mysteriously occupied below.

"Give me quality," she urges
warding off tricksters & wastrels & cads with her furious broom.

"Give me time," he implores
fidgeting with his Blossom & Gigit & Jane in the captain's salon.

"Give me my boots," she howls
done with his foolish ploy.

"If I be by & the drake's at bay," he hoots
from poop to starboard to stern.

## #79

***. . . Botes de pell espanyola***

«Dóna'm substància" ella demana,
el seus llavis perfumats ja embolcallen un altre.

«Dóna'm llibertat» ella gemega, amb una mà en la maneta del gas i l'altra ocupada, misteriosament per sota.

«Dóna'm qualitat» ella cuita
mentre fa fora xarlatans i perdularis i poca vergonyes amb la seva escombra enfurismada.

«Dóna'm temps» ell implora
bellugant-se entre les seves noies Blossom i Gigit i Jane en el saló del capità.

«Dóna'm les botes» ella brama
per fer-lo callar amb una simple enganyifa.

«Si hi sóc, seré i els ànecs a la badia» ell esgaripa
des de babord a estribord a popa.

## #80

### *Albrecht Durer: An Exhibition*

*There's someone always sneaking around the back & another pissing in the bushes & lions & snakes & angels & ghouls & ladies & gentle men flaunting temptation & adam & eve & all the saints & christ himself & the lamb of god &*

she with her wizened face astride a galloping goat gripping tight his gnarled but potent horn, he facing one way, she the other & a convincing knight,

the devil & death paused for their final portrait. One to soon be outdone & another sadly displeased &

milady & her satyr caught *flagrante delicto* by Hercules & hot oil & flogging & stocks & fire galore for the other irreverent & depraved

but it's to the tavern & public baths we go where there's universal sovereignty & foreplay & access &

if we search between the frames, we'll frequently find a couple wrapped
in each other's skin & none's the price to pay.

**#80**

## *Albrecht Durer: una exposició*

*Sempre hi ha algú que surt o entra a tentines per la part del darrere i un altre que orina pels matolls i lleons i serps i àngels i esperits de la mort i dames i cavallers exposant-se a la temptació i Adam i Eva i tots els sants i Crist mateix i l'anell del senyor i*

ella amb la cara apergaminada eixarrancada al galop d'una cabra agafada forta al banyam potent i nuós, ell de cara endavant, ella de cara a l'altre costat i un cavaller que feia patxoca,

el diable i la mort fent una pausa pel seu retrat final. Un ben aviat sobrepassat i l'altre descomptant-se amb tristor i

la dama i el sàtir enxampats en *flagrante delicto* per l'Hèrcules i oli bullint i assotament i piles i foc pertot arreu per als altres irreverents i depravats

però es cap a la taverna i cap als banys públics on anem on hi ha sobirania universal i juguesca i accés i

si cerquem entre els marcs, sovint hi trobarem una parella embolcallats cadascú amb la pell de l'altre i no s'ha de pagar res.

## #81

### *. . . Thoughts of Andrea*

*Yes, I am young & idealistic . . . but I want to be always . . .*

& the city too . . . as we relish its pulse . . . Rapid, Yes! & Vibrant in the changing air of this October:

one storm & you can taste Bilbao or Genoa or Marseilles . . . the second commits Tangiers & all of Africa & with it

the Pandemic sweeping carcasses like jetsam in its path & workers dwelling on a harvest of bones

but few hands come & the bodies pile higher & not just the old or infirm but the young &

spike by spike they drive a nail deep & sex by random sex they drive a nail &

here I hold his hand no longer trembling . . . no longer sweating even . . . her last word at my ear & I cannot understand . . .

## #81

## . . . *Pensament de l'Andrea*

*Si, sóc jove i idealista... però sempre ho vull ser...*

i la ciutat també... Així com nosaltres assaborim el seu batec... Ràpid, sí! i vibrant en el canvi d'aire d'aquest octubre:

una tempesta i pots degustar Bilbao o Gènova o Marsella... El segon s'adreça a Tanger i a tot Àfrica i des de dins

la malaltia endèmica escombra carcanades com si fossin ressaca en el seu camí i els treballadors fessin casa en una collita d'ossos

però vénen poques mans i els cossos s'amunteguen i no tan sols els vells i els malalts sinó els joves i

punta per punta ells endinsen un clau i el sexe per casualitat sexe ells endinsen un clau i

li agafo la mà que ja no tremola... ni tan sols sua... Les darreres paraules d'ella a la meva orella i no puc comprendre...

**#82**

## *At Palau de la Musica: Ives, Neikrug & Copland – A Performance*

*Sunday's are slow & sometimes a bit shabby. Wind-blown detritus from Saturday night awaits Monday & bands of dedicated porteros to tidy up but, this week, Lawrence Foster swept away early, driving his Symphony through New England to New York to Texas & on to Mexico:*

*1]*
. . . a brash bonanza of twentieth century Americana . . . of horns & drums & jazz & blues & horses & soldiers & dancers & high-stepping ladies & gents in top hats & sombreros & visions

of tombs & trains & mud & rain & . . . the trumpet echoes in the night while note by note the piano-man inches into his dream of rivers swelling &
a chorus of larks . . . & the city

*2]*
yes . . . unmanned & adrift in fog & running between clouds & only the tick of traffic lights & aisle on aisle of row on row of block on block of darkened windows & naked

mannequins & a lone car turning the corner above the river & a ship passing through & a bicycle & a saxophone & a milk truck & bread &
an eerie light as the sun tries . . . &

*3]*
if he smirks it's only to mask the consummate joy of having her rub up against his saddle-sore thighs as they twist & twirl & go for the golden belt up one side & down or is it Chihuahua &

a pungent blend of frijoles & cereveza & cabra & chicos & chicas strutting gingerly for mom & dad & it is . . . 'south-of-the-border' 1939 & memories of a full belly & romance in high heels & snake-skin boots

on a Sunday when the brass kicks in & the sun breaks through & it's clear & bright & hot & . . . if we're fancied . . . maybe more.

## #82

### *Al Palau de la Música: Ives, Neikrug & Copland – Una interpretació*

*Els diumenges són una mica calmats i a vegades una mica tronats. El vent bufa deixalles de la nit de dissabte que espera dilluns i colles de dedicats porters netejant tot i que aquesta setmana, Lawrence Foster ho ha enllestit ben aviat, ha portat la seva simfonia a través de Nova Anglaterra fins a Nova York fins a Texas i fins a Mèxic:*

*1]*
...Una bonança d'instruments de vent i de gust americà del segle vint... i trompetes i tambors i jazz i blues i cavalls i soldats i ballarins i noies amb sabata alta i senyors amb barret de copa i capells i visions

de tombes i trens i fang i pluja... La trompeta fa eco de la nit mentre nota per nota l'home del piano guanya pam a pam el seu somni de rius que es desborden i un cor d'aloses... i la ciutat

*2]*
si... sense ningú que la porti i perduda en la boira i corrent entre núvols i només el sorollet dels semàfors i passadís per passadís fila rere fila bloc rere bloc de fosques finestres i despullats

figurins i un cotxe sol girant per la cantonada més amunt del riu i un vaixell que hi passa i una bicicleta i un saxofon i una furgoneta de repartiment de llet i pa i una llum estranya mentre el sol intenta... i

*3]*
si les seves babarotes són només la màscara per amagar l'alegria consumada de tenir-la fregant-se contra les seves cames adolorides de muntar a cavall al mateix moment que ells giravolten i es retorcen i van a voler guanyar el cinturó d'or amunt per un costat i avall per l'altre o és Chihuahua i

un picant remant de frijoles i cervesa i cabra i nois i noies faronejant amb amargor del pare i de la mare i és... «el sud de la frontera 1939» i els records de la panxa plena i el romanç de les sabates de taló alt i les botes de pell de serp

en un diumenge quan la banda li fot gas i el sol trenca els núvols i aleshores és clar i fa calor i... si agradem... potser molt més.

#83

*More . . . Thoughts of Andrea*

Of young Spanish men & young Spanish women, you say, some are poised to invent their history but most will not &

their friends will not / tied to tia Antonia's Roscon de Reyes & Mama's Paella & years of hoisting the genial flag &

when the drummers call they hunker down, declare victory & go for coffee!

No need to cross borders or sample their neighbor's wine / no need even to part the drapes for a quick glance . . . as you say,

we are all growing smaller together & the years of siesta & castanets have passed.

#83

***Més... pensament de l'Andrea***

Dels homes espanyols i de les noies espanyoles, dius, que uns quants estan equilibrats per inventar la seva història però la majoria no voldrà i

el seus amics tampoc / lligats al tortell de reis de la tia Antònia i la paella de la mare i anys d'hissar la bandera genial i

quan els tamborers repiquen per a callar, declaren victòria i van a prendre un cafè!

No cal creuar fronteres o tastar el vi dels veïns / fins i tot no cal obrir les cortines per una mirada ràpida... tal com tu dius,

tots ens anem fent més petits plegats i els anys de *siesta* i castanyoles han passat.

#84

***International Festival of Erotic Film – Barcelona***

Built to host legions, La Farga de L'Hospitalet, seems vacant & misunderstood by the small, indistinct crowd of milling men bent on pursuing their unmitigated joy at seeing clip after clip of sucking & fucking couples & racks of pornographic magazines & sex-toys & oils & ticklers & jellies & dildos & occasionally a young woman

will display her breasts for the mass of cameras & the crowd will surge & move as one to the next where most are always partially aroused & in a state of heat & hungry for the live shows to begin where who-knows-what & right-before-your-eyes *sex* / undiminished / unedited & uncensored is sure to pleasure the discriminate &

I'm a bit too hot with all these fluids passing between organs & the background tracks ripe with squeals & screams & Oh's! & Ah's! & the requisite priming with bridles & whips & rubber probes for the sadists & the masochists who have their own booth & the pierced & painted who have theirs & the artists [& there are some]

who draw & sculpt the fellating & the fornicating & . . . it could be I want my own little nook to nuzzle / a home for my homer / a deck for my swing a partner to wrestle & please & to be pleased for all this up-welling & swelling is painful at best & no place left to go so I do with my crinkled program & nonchalance

into the fresh, cool air & a nervous ride on a crowded bus where everyone's appealing & thankfully preoccupied.

### *#84*

### *Festival internacional de cine eròtic de Barcelona*

Edificada per a posar-hi legions, La Farga de L'Hospitalet sembla buida i malentesa per la poca gent sense distinció tota igual d'homes inclinats per a continuar amb la seva alegria imparable de veure foto rere foto de mamades i parelles follant i prestatgeries plenes de revistes pornogràfiques i joguines per al sexe i olis i excitants i gomes i consoladors i de tant en tant una dona jove

ensenyarà els pits per la massa de fotògrafs i la gent pujarà i es canviarà un al costat de l'altre que estarà com tots parcialment amb trempera i en un estat calent i amb ganes de que les funcions de sexe en viu comencin allí on ho sap tot i del cert i davant teu ***sexe*** / sense disminucions / sense editar i sense censurar és plaer segur per als discriminats i

jo també estic una mica calent amb tots aquests sucs que passen entre òrgans i el rerafons va ple de xisclets i crits i forces oh! i més ah! i els desigs que imperen són brides i fuets i estilets per als sàdics i els masoquistes que tenen el seu propi cau i els perforats i els pintats que tenen el seu de cau i els artistes [i n'hi ha algun]

qui dibuixa i esculpeix els que es llepen i follen i... pot ser que jo vulgui el meu propi xumet per xuclar / caseta per entrar / un joc per a follar un company per lluitar i fer feliç per ser feliç perquè tot això que crida i puja és dolorós segons com i no hi ha cap lloc on anar i fer el meu programa arrissat i despreocupat

a fora a la fresca, aire fresc i un viatge nerviós en un autobús ple on cadascú sembla preocupat en mesura i agraït.

## #85

### *Innocence Lost*

*"We are a big city & we have our pains." " Show me one & I give you a dozen."*
*"Have you visited . . . ?" "Yes, my friend, you are only as safe as your last . . ."*

Step out late. Two. Three. Four AM. It's a signature of passage / this somber trip . . . & there is no curfew & no one expects strangers / wasted & wanton . . . After midnight

the vigilant need their juice / their jazz / their late night fix & jinx to all who crawl / without the will to ride / into the dark / dark time . . . I have mine . . . See! I come prepared

& up & down & in & out & at the end of each arcade another door to another street & another silver bullet or ecstatic trick or roman-candle to pump-up & ease down &

upon each turn of the die rests one more quirky insomniac who's lost their way & in the end / each door locks behind the last to leave & no sunrise / no mass / no night-bus home.

## #85

### *Innocència perduda*

*«Som una gran ciutat i tenim els nostres propis dolors.» «Ensenya-me'n un i te'n dono una dotzena. » «Has vist...?» «Sí, amic meu, estàs segur mentre t'aguantes dret... »*

Surt tard. Dues. Tres. Quatre de matinada. És una contrasenya per travessar / aquest viatge ombriu. No hi ha toc de queda i ningú no espera estrangers / pèrdua i disbauxa... Després de mitjanit.

el vigilant necessita el seus sucs / el jazz / la dosi tard a la nit i l'amulet per tot aquell que s'arrossega / sense la voluntat de cavalcar / dins la foscor / temps de foscor... Jo tinc el meu... Veus! He vingut preparat

i amunt i avall i dins i fora al final de cada arcada hi ha una altra porta que dóna a un altre carrer i una altra bala de plata o un truc estàtic o un ciri romà per bufar cap amunt i suau cap avall i

per damunt de cada torçada de la mort resta un insomne que ha perdut el seu camí i al final / cada porta es tanca al darrere de l'últim en sortir i cap albada / sense missa / cap autobús nocturn de tornada a casa.

***#86***

***Museu D'Art Contemporani: Out of Actions / Between Performance and the Object, 1949-1979***

*"The shared characteristic of Action Art as practiced by various groups of artists . . .was the radical deconstruction of the modern concept of Art . . ."*

*Studs. Duds. Mud. Blood. . . . . . Yen. Men. Zen. Women.*
*Crash. Thrash. Clash. Trash. . . . . . Snugly. Ugly. Smugly. Ugly.*

*1]*
. . . & what substitutes for a toot is often another's root. Dig it or shoot it or plant it or smoke it . . . here among the makers & bakers & eaters & seekers /

one barters Cinderella while the other tears her apart . . . see the naked woman & her knives & feathers & needles & pins . . . they came to cut her up &

spit her out . . . but only some . . . to witness . . . at the edge of broken dreams & bottles & toys . . . on the edge

dancing with the master-baters / sorcerers / concubines / seduced & seducers of lynx & lions: their flanks our handles to climb by . . . the promise

of a carcass to be stuffed / its organs the kind a band can play . . . They came by twos & threes & sixes & sevens & on the eighth they tore it all down &

some were willing to take sides while others wanted fragments & the refuse of the day & others hung by fish hooks or dined with tigers or

walked though walls or painted their bodies with excrement or blood or mucous or piss & the living were made dead & the dead to live & one by one

the actors & the action merged & blue gave way to black & no stars were visible to the naked eye . . .

*2]*
. . . it was after the second great-big war & after the bomb & the next war & the next & who could care less [or more] & what does it matter that nothing does / we can arrange to pretend / harvest acres of soup-to-nuts & chow-down to a great feast of what's left on the palate or the plate [as it were] but there were some in those days who did not & they ranted & raved & chopped & burnt & fused & booted & made sure what was left had nowhere to go . . .

*3]*
These are the rules.
I will not play by the rules.
There are no rules.
I will show you.

## #86

### *Museu d'Art Contemporani: Fora d'accions / Entre el performance i l'objecte, 1949-1979*

La característica compartida per l'art d'Acció tal i com el practiquen diferents grups d'artistes... va ser la radical destrucció del concepte modern de l'Art...

*Oncles. Pares. Fang. Sang... Ien. Homes. Zen. Dones. Catackrac. Deixalles. Cops. Deixalles... Còmodament. Lleig. Suficientment. Lleig.*

*1]*

...I el que substitueix un so agut és sovint una altra arrel. Arrenca-la o dispara-la o planta-la o fuma-te-la ... Aquí entre els que ho fan i els forners i els menjadors i els cercadors

un bescanvia la Ventafocs mentre l'altre la destrossa... mira la dona despullada i els ganivets i les plomes i les agulles grans i les petites... totes s'acosten per tallar-la i

per gargallejar-la... però alguns... per testimoniar... al marge dels somnis trencats i ampolles i joguines... al marge

ballant amb els mestres que copegen / els bruixots / les concubines / els seduïts i els seductors de linxes i lleons: les seves illades són les nostres manetes per pujar... La promesa

d'una carcassa per ser farcida / els seus òrgans de la mena que una banda pot tocar... Van arribar a parelles i de tres en tres i de sis en sis i de set en set i de vuit en vuit i van destrossar-ho tot i

alguns volien prendre partit a favor o en contra mentre d'altres volien fragments i el rebuig del dia i d'altres penjaven peixos amb ganxos o sopaven amb tigres o

travessaven parets
o pintar els cossos amb excrement o sang o moc o pixum i els que viuen se'ls fa morts i els morts que visquin i un per un

els actors i l'acció s'encavalquen i el blau deixa pas al negre i no hi ha cap estrella visible per l'ull en solitari...

*2]*

...Va passar després de la Segona Gran Guerra i després de la bomba i de la propera guerra i de la propera i a ningú no l'importava (més o menys) i el que importa és que res ho faci / podem arreglar-ho per tenir la pretensió / fer la collita de restes de sopa i de fruita seca i traca final per a una gran festa de tot allò que s'ha quedat en el paladar i en el plat (com si hi fos) però n'hi havia alguns que en aquells temps no ho van fer i van delirar i van desvariejar i van

*4]*
If you can eat it, stuff it up her ass. If you want to eat it, stuff it up her ass. If you will eat it, stuff it up her ass . . . *& . . . he does . . .*

*5]*
"Hi, how are you?" "Fine & you?" "Will you be staying long?" "Not as long as there is time." "Where will you go then?" " Not far I suppose. I never go very far." "Will we meet again?" "Who knows?" "I will." "Bye-bye." "Bye-bye."

*6]*
What was is & what will be or has been & may be again & what will be may be what was & will possibly be again & what you were will be who you are or will be again & what you are may be there or not there & is slightly altered for the sake of authenticity or other encounters with the machine which will want you to disrobe & step inside & masturbate or sing or soap-up or sleep depending on the decision of the director who comes on each afternoon with his script & his entourage & movies of his dog doing it to a member of the cast whose mother comes to relive her days as an aviator in blue linen & silk & wears a tattoo from each encounter with him in the back of the plane which always flies too low & . . .

*7]*
First the seam seems to rip a bit . . . just a notch or two at first . . . not so you'd want to run . . . just a little . . . & the next . . . & the next &

we're in a maze recently
occupied by a Minotaur
whose stench we foolishly track . . .

*8]*
& in conclusion:
I wish to introduce my cat :________________________

tallar i van cremar i van fondre i van donar cops de bota i van assegurar-se que el que quedava no tenia lloc on anar...

*3]*
Aquestes són les regles.
Jo no jugaré amb les regles.
No hi ha regles.
Jo t'ho ensenyaré.

*4]*
Si t'ho pots menjar, fot-li pel cul. Si t'ho vols menjar, fot-li pel cul. Si t'ho volguessis menjar, fot-li pel cul. ... I... ell ho fa...

*5]*
«Ei com estàs?» «Bé i tu?» «T'estaràs molt de temps?» « No tant de temps com temps hi ha.» «On aniràs, aleshores?» «No gaire lluny suposo. Mai no vaig gaire lluny.» «Que ens tornarem a trobar, altre cop?» «Qui sap?» «Jo ho sé.» «Adéu-siau.» «Adéu-siau.»

*6]*
El que era és i allò que serà o ha estat i potser serà altre cop i el que pugui ser potser ja va ser i possiblement serà altre cop i el que vas ser serà el que ets o el que tornaràs a ser i el que eres potser és allí o no i està una mica canviat per raons d'autenticitat o de les altres trobades amb la maquina que vol que et despullis i que entris i que et masturbis o cantis o et banyis o dormis tot en funció de la decisió del director que ve cada tarda amb el seu guió i la seva colla i pel·lícules del seu gos fotent-li a un membre de la companyia a qui la seva mare li venia a millorar els seus dies com a aviadora en un vestit blau i seda i porta un tatuatge de cada trobada amb ell a la part del darrere d'un avió que sempre vola baix i...

*7]*
Al principi la costura es descosia una mica... Només una osca o dues al principi... No de la manera que tu haguessis de córrer... Una mica... i la propera... i la propera i

estem recentment en un laberint
        ocupat per un Minotaure
                que perseguim per la pudor que deixa

*8]*
i en conclusió
jo voldria presentar-te el meu gat:______________________________

#87

***La Festa de la Castanada / All Saint's Day***

In our futile search for the promised treats of roasted chestnuts, sweets & muscatel which serve to mark this day, we encounter

an elderly gentleman, a bit stooped & unsteady, who attends his spouse & wheels her chair through the chapel's other door &

instead of a Halloween of ghouls & witches & spirits loosed from their nests to plague the righteous citizen

at Cementiri de Montjuic fresh wreaths grace the graves & tombs &
the great vaulted hall of *Catedral de Barcelona* shimmers in a blaze

of a thousand votive lights & celebrants & supplicants abound
in all the churches & all the crypts

for saints or sinners where a family has come to pay respect & mourn . . .

#87

*La festa de la Castanyada / dia de Tots Sants*

En la nostra estèril recerca de delicadeses promeses fetes de castanyes rostides, dolços i el moscatell que es posa per senyalar aquest dia, trobem

un senyor gran una mica aturat i que trontolla mentre atén a la muller i empeny la seva cadira de rodes a través de les altres portes de la capella i

en comptes d'un Halloween d'esperits mòrbids i bruixes i esperits caiguts dels seus nius per empestar els ciutadans de dret

en el cementiri de Montjuïc corones de flors fresques donen vida als sepulcres i a la gran volta de creuria central de la catedral de Barcelona que bull en una resplendor

d'un miler de llumetes votives i que celebren i supliquen arreu
en totes les esglésies i totes les criptes

per a sants o pecadors
allí on una família ha vingut a guardar respecte i a portar dol...

### #88

### *Sweepers In Winter*

Liberated, they strut before the big orange trucks, brooms abreast,
to snatch the abandoned & the lost / mostly slim young women

makeup fresh & hair slicked back / women who hum while they work &
laugh among themselves & the occasional man who does no less

or more / steering junk to the fluttering whisks & he too cracks a grin &
smokes with the rest & wrestles the big green cans & Saturday's

their best day propelled by expectations of a scented bath & hours over
dinner with the friend or husband (or wife) or lover & a movie &

café or a rain-drenched walk past midnight into morning with a swollen
Mediterranean sky at their back & a long bed on which to sail &

rock in a cradle of skin / for the best of Sunday comes inside the home &
they'll be there to make it.

#88

*Escombriaires a l'hivern*

Alliberats gallegen davant dels grans camions color taronger, les escombres al pit, per arrencar les abandonades i perdudes / en majoria dones joves i primes

acabades de maquillar i els cabells estirats enrere / dones que cantussegen mentre treballen i riuen entre elles i l'home ocasional que fa ni més

ni menys / mira porqueria cap als raspalls que giravolten i ell també deixar anar un somriure i fuma amb la resta i es baralla amb les tres grans llaunes verdes i els dissabtes

el seu millor dia impulsat per les expectatives d'un bany olorós i hores per sopar amb l'amic o marit (o muller) o amant i una pel·lícula i

cafè i una caminada sota la pluja passada mitjanit fins a la matinada amb un cel Mediterrani a les espatlles a punt de rebentar i un llit llarg on navegar i

gronxar-se en un bressol de pell / perquè el millor del diumenge surt de dins de casa mateix i ells hi seran per fer-ho.

#89

***The Woman Alone***

walks with a dark face & large valise / hugs her breasts / mouths curses & contemplates suicide.

*The woman alone* nibbles her lips / drops her eyes / conjures cats & goats to ride into the night.

*The woman alone* strokes her hair & leans to sketch a figure in blue / flirts with conductors & cries to herself.

*The woman alone* in black with a sequined cape will not indulge in Chartreuse orders the moon to halt & is rarely afraid.

#89

***La dona sola***

Camina amb una cara bruna i una maleta grossa/ s'abraça els pits/ la boca maleeix i considera el suïcidi

*La dona sola* es mossega els llavis / deixa caure la mirada / conjura gats i cabres per cavalcar dins la nit.

*La dona sola* s'acarona els cabells i s'inclina per dibuixar una figura en blau / coqueteja amb conductors i plora per ella.

*La dona sola* vestida de negre i amb una capa farcida de lluentons no s'aviciarà en demanar sota l'ordre de Chartreuse a la lluna aturar-se i molt de tant en tant té por.

***#90***

***@ Luz de Gas***

His sax like a locomotive drives Steve Coleman right through his percussion
while the ghost of *Bird* snoozes in the wings . . . *not much without Bird* &

a comely-girl with close-cropped hair chews the face of the uncomplicated
man [clear to the bone] who wants to touch desperately

those buoyant breasts where she simply volunteers her ass . . . & the clown on
stilts with wings & a flowing train lurches into the crowd

which roars & stomps & wheels & tosses him to the paradise patrol just
to see his tinsel tear & in green light & blue the dancers

prance & strut & one shakes an arm from its socket & the other curls
from her crown & the smoking lamp is lit & the air swirls

& confetti & shadows & a fine purple film & no one moves but the drummer
honing his sticks & the comely-monkey has her hands full &

his head in her lap & the owner orders a round for the house & locks the
door & in walks Charlie Chaplin but still no sign

of *Charley P* & the gaslight flickers & dims & we're gone with a whiskey &
a smoke & no way to clear the air.

## *#90*

### *Luz de gas*

El seu saxofon com una locomotora condueix a Steve Coleman directe fins a la percussió mentre el fantasma de Charlie Parker *Bird* dormisqueja a bambolines... *No gaire cosa sense Bird* i

una noia bonica amb els cabells tallat a l'u rosega la cara d'un home sense complicacions (fins el moll de l'os) que vol tocar-li amb frisança

aquests pits flotants quan ella simplement ofereix el seu cul... i el pallasso amb sabates de taló alt i prim amb perruques i un tren lliscant fa una tombarella entre la gent

que brama i pica i es regira / passant-lo a la patrulla de policia del paradís per veure-li la llàgrima de llautó i llum verda i blava pels qui ballen

fent cabrioles i gallejant i un bellugant un braç fora de la cassoleta i l'altre es rinxola des de la corona i la bombeta per a fumadors s'encén i l'aire giravolta

i paperets i ombres i una pel·lícula fina i púrpura i cap es mou només el bateria
amoroseix els seus pals i la mona bonica té les mans plenes i

el cap d'ell en la panxa d'ella i l'amo paga una ronda a compte de la casa i tanca la porta i entra Charlie Chaplin però encara no hi ha cap senyal

de Charlie P i la llum de gas tremola i s'enfosqueix i encara estem amb el whisky i el fumar i no hi ha manera que es netegi l'aire.

**#91**

## *On A Clear Day*

*for Neil Lehrman*

the street gives up the body of a stranger with a pale face & pallid hands & mouth & eyes & skin the color of chalk . . .

a ghost swimming in concrete who lies in the blue glow of an ambulance & rises now & then & settles for a wide-eyed stare & dares history

with one arm rising like a bow to play his body like a cello or anvil or drum & we are his chorus running this way & that

to find his friend or partner or paramour / the one who will stay death or worse / the one who will take what remains & nurse it

carry the carcass like a treasure to be feted & fed & fussed-over / the one who knows his limits & will not abjure . . .

#91

***En un dia clar***
*Per a Neil Lehrman*

El carrer deixa anar el cos d'un Estranger amb una cara pàl·lida i les mans pàl·lides i la boca i els ulls i la pell color de carbó...

un fantasma que neda en ciment armat i que està estirat en la blava lluminària d'una ambulància i ara s'alça i aleshores i es queda amb una mirada oberta de bat a bat i

repta a la història amb una mà alçada com un arc que vulgui tocar el seu propi cos com un violoncel o enclusa o un tambor i nosaltres som el cor que va cap allà corrents

per a trobar el seu amic o el company o amant / aquell que s'estarà mort o pitjor / aquell que prendrà el que queda i la infermera

porta la carcassa com un tresor per a ser festejat i alimentat i mimat / aquell que sap els seus límits i no abjurarà.

#92

*Magritte: Fundacio Joan Miro – An Exhibition*

Cold. No, Cool! & a conjurer too / as Magritte with his bowler & pipe
disappears behind the shattered glass or shattered image behind
the shattered glass which has become the image on / or in / or of

the glass itself . . . & falls . . . & falls . . . & falls . . . itself a shattered
moment & him juggling his stairs to nowhere or anywhere / where no
door will let you in or into what is not there or behind there or even

suggested or expected or exposed as if there were somewhere to go & there
is . . . & there she is & he or rather his lips spewing pleasure & bliss & no body
to trample or frighten or please / But she will have it or him or you

for want of more or less . . . & Magritte will have you too & her baby
rocking her / in its lap / & there the tiny tike tends to teach her a lesson or
change her diaper or so you begin to think before you climb the tree

you've always feared & close your eyes & grasp his glass of clouds &
drink the dew!

**#92**

***Fundació Miró. Magritte: una exposició***

Fred. No fresc! i també un il·lusionista / com Magritte amb el seu bolet i pipa que desapareix darrere un vidre trencat o la imatge trencada darrere del vidre trencat amb el qual s'ha convertit en imatge / o fora / o del

mateix vidre... I cau... I cau... I cau un moment en si mateix esmicolat i ell fent equilibris amb les seves escales des d'enlloc fins a tot arreu / fins allí on cap porta s'obrirà per a tu o t'ensenyarà el que no hi ha o darrere d'ell o fins i tot

ell suggeria o esperava o exposava com si hagués algun lloc on anar i n'hi ha... I aquí és ella o ell o millor dit el seus llavis regalimen plaer i benediccions i no hi ha ningú a qui trepitjar o espantar o agradar / Tot i que ella li faria l'amor a ell o a tu

per voler de més o menys... i Magritte també et voldria i el seu fill bressolant-la a ella / en la panxa / i allí el nen petit vol ensenyar-li una lliçó o canviar-li el bolquer o així comences a pensar abans de pujar a l'arbre

que sempre has tingut por i tanques els ulls i agafes el seu got de núvols i et beus la rosada!

#93

*Snow*

Just in time for Christmas a sentinel removes her mask & *Poof!*
our Mediterranean rhythms are disarmed:

a frost-bound beach can't quite recall a summer love / ice cream & cotton candy give way to hot potatoes &

Barcelona's bloom lies wilting in the cold . . . she must yield & to hell with sweat & an incendiary sun . . .

let's have a bubbling pot of cider spiked with rum & a horse-drawn sleigh under a sickle moon &

a dozen runs with poles planted / feet together / knees bent & a chorus of 'hail me hail / fellow well met' over the shoulder . . .

**#93**

***Neu***

Amb el temps just per les festes de Nadal un sentinella es treu la màscara i catacrac tots els nostres ritmes mediterranis es queden sense munició:

una platja plena de gebre no pot recordar amb precisió un estiu d'amor / gelat i caramels de cotó de sucre han deixat pas a les patates calentes i

la flor de Barcelona rau en saber agostar en la fredor... Ella s'ha d'amollar i a fer punyetes amb el dolç i incendiari

prenem una gerra de sidra puntejada amb rom i un trineu tirat per cavalls sota una lluna falciforme i

una dotzena corre amb els pals plantats / els peus junts / el genolls plegats i un cor de *salve mi salve* / company ben trobat per damunt l'espatlla...

**#94**

## *Parting*

Nothing left but incidental pieces: remnants of Dutch bone china from El Corte Ingles, a quarter 'key' of Jamaican 'blue-mountain' & a squawking parrot from Zanzibar ('lent' to José down the hall).

I've made my peace. Absorbed the shock. & after eleven hours I'll be home. *Home.* A variable. Where the familiar waltzes with the humdrum . . . Home. & why not?

Dreams will have the edge. It's 'mix & match.' One day of sobriety & soon . . . a craving for Pulpo a la Gallego at Els Barrils or Brochette de Rapé y Gambas con Bacon at el Trobador.

In fact, I will never leave. In fact,

I will not dispel the vision of the sun through Plane trees on Aribau or Antonio Gaudi musing to himself on the perfect counterpoint to sheaves & fishes in some small café on Calle de Majorca . . .

In fact, if the truth be known, I was born in Barcelona . . . a landed patriarch or herder or some poor son-of-a-bitch with his hands in hot oil at the inquisition . . . whom ever

we made our bones here & I cannot leave without them or they without me.

On some lands the sun never sets & this is one & here I will live with the past & present & the future too . . .

12/3/98

#94

*Partida*

No queda res apart de peces sense incidència: deixalles de porcellana holandesa d'El Corte Inglés, una bossa de quart de quilo de cafè Blue-mountain de Jamaica i un sorollós lloro de Zanzíbar («deixat» a en Josep del final de passadís).

He fet les paus. He aturat el cop i després d'onze hores seré a casa. Casa. Una variable. Allí on la família balla un vals amb la monotonia... Casa i per què no?

El somnis tenen un acabament. És «tallar i enganxar». Un dia de sobrietat i aviat... un desig de pop a la gallega a Els barrils o broqueta de rap i gambes amb bacó al Trobador.

De fet, mai no me'n aniré. De fet,

no esvairé la visió del sol a través de plataners del carrer Aribau o a Antoni Gaudi tancat amb si mateix en el contrapunt perfecte pels peixets i les engrunes de pa en qualsevol cafè petit del carrer Mallorca...

De fet i si la veritat s'ha d'explicar jo vaig néixer a Barcelona... Un patriarca amb terres o un ramader o un pobre desgraciat amb les seves mans dins un pot d'oli roent a la inquisició... de qui

en van fer els ossos aquí i jo no puc anar-me'n sense ells o ells sense mi.

En alguns indrets el sol mai no s'amaga i aquest és un d'ells i aquí viure amb el passat i el present i el futur també...

12/3/98

**#95**

***Christmas: "Los Coganers" de Barcelona***

It isn't as if he or she had chosen Christmas to do their business. But it is true . . . they too were there (maybe just a little behind the stable) to bear witness at the birth & in Barcelona the sheep of the field & flocks of the air & wise men & carpenters & farmers & all who arrived with gifts of kind are willingly joined by those who hopefully, each day, take a moment to ease their burden & leave behind the remnants of many a good meal & . . . who of you may not think them deserving a place at this most Christian event & who may hold their posture against them or their purpose & who among us has not been equally occupied? So! hoist a glass & give a grand Christmas cheer to all *coganers* among us: revel in their effort & relief & may they sit with us again in honor & in joy for years to come!

#95

*Festes de Nadal: els caganers de Barcelona*

No és que ell o ella hagi escollit les festes de Nadal per tirar endavant el seu assumpte. Tot i que és veritat... que ells també hi eren (potser una mica darrere l'establia) per deixar constància del naixement i a Barcelona els bens del camp i els ramats de l'aire i els tres reis i fusters i pagesos i tots aquells que van arribar amb regals d'afecte s'ajunten amb aquells que cada dia amb esperança prenen un moment per alleugerir-se del pes i deixar enrere les deixalles d'un bon àpat i... potser algú de vosaltres no creu que mereixen un lloc en aquest esdeveniment tan cristià i potser prendreu la seva postura en contra d'ell o el seu propòsit i qui entre nosaltres no ha estat ocupat de la mateixa manera? Així que alceu una copa i doneu un brindis de Nadal per tots els caganers que hi ha entre nosaltres: gaudiu del seu esforç i del descans i que ell s'asseguin entre nosaltres amb honor i joia ara i per sempre més!

**#96**

### *Two Men Seem*

friends, I suspect, for many years & trustful too & confident
each shares the interest of the other . . . but one seems a bit less sure

& seems to stagger & leans instead against the one who takes his elbow as a guide &

neither seems to need a glance to know they're not alone & what comes
or goes may be better met by two than one.

#96

*Semblen dos homes*

Amics, suposo, de fa anys i també amb confiança i confidents cadascú comparteix els interessos de l'altre... tot i que un sembla menys segur

i sembla trontollar i es recolza amb aquell que li pren el braç per guiar-lo

Cap dels dos sembla necessitar una mirada per saber que no està sol i el que ve o se'n va potser és millor fer-ho amb dos que en un.

**#97**

***Home Coming***

*I tend. To forget. How quiet. A Saturday. Afternoon. Can Be.*

. . . walking from the bus I stop @ the tobac for tomorrow's ticket & hear her voice & glance to my right & no one & to my left & there she is again & now I'm trotting down the alley sure she's just a step or two ahead when a brace of horses rise up around the corner & sweep me down Balmes to the parade & a ribbon to be cut & I do & the crowd applauds & hoists me on their shoulders & she's singing now & taunting even & I break away & race for home & at the door I see her under the street-lamp not her but another who offers to light my cigar & does & it doesn't seem to matter who or which or when or where curled-up again in Mrs. Kuria's blankets with a hot-rock at my feet & fit-to-be-tied & summer a long way off.

## #97

### *Tornada a casa*

*Tendeixo. A oblidar-me. Quanta calma. Pot tenir. Un dissabte. A la tarda.*

...Camino des de la parada de l'autobús i m'aturo a l'estanc per comprar l'entrada de demà i sento la veu d'ella i miro a la dreta i a l'esquerra i allà està altre cop i ara troto avall del carrer segur que ella està a dos o tres passes davant meu i aleshores un grapat ben lligat de cavalls surt d'una cantonada i se m'emporta Balmes avall fins a la desfilada i una cinta s'ha de tallar i ho faig i la gentada aplaudeix i em treuen a espatlles i ara ella canta i fins i tot enfadat jo marxo corrents cap a casa i a la porta la veig a prop del fanal no ella sinó una altra que s'ofereix a encendre el meu cigar
i ho fa i sembla que no li dono cap importància a qui o a què o quan o on estic altre cop arraulit dins les mantes de la Kuria amb una ampolla d'aigua calenta als peus i disposat que em lliguin i l'estiu molt lluny.

**#98**

***Gracia: Festa de St. Antonio***

It begins with a parade: cops & ghouls & painted men & painted women & elegant *gigantes* & pipers & clowns & drummers & tumblers & dragons to ignite the dark & a bonfire is set to thirty feet to cleanse the air & summon neighbor to neighbor & Catalan to Catalan & as the cold snares the night a small boy waits to add his branch to the pyre & dad lifts him high above the flames in ecstatic silhouette as sparks collide & cups are filled & dinner served & St. Anthony, his cowl belted tight against fire & the frost, duels his devil to a draw.

## #98

### *Gràcia: festa de Sant Antoni*

Comença amb una desfilada: policies i interessats en la mort i homes pintats i dones pintades i gegants elegants i flautistes i pallassos i tamboriners i saltimbanquis i dracs que encenen la fosca i el foc es prepara, perquè pugui fins a tretze metres, perquè netegi l'aire i convoqui veïnatge a veïnatge i català a català i mentre la fredor atrapa la nit i el xiquet espera per afegir la seva branca a la foguera i el seu pare l'alça per damunt de les flames en una silueta fixada mentre les espurnes cauen i les copes s'omplen i el sopar llest i sant Antoni amb el seu hàbit fermat contra el foc i la gebrada aposta amb el diable per taules.

**#99**

## *Gracia: Plaza Ruis i Taulet – The Bell-Tower Clock*

*. . . silenced by government shells during a worker's revolt in 1870, the bell was eventually restored but not the clock (until 1947) . . . & with that & at mid-day, for the last of those intervening years, a willing citizen would climb its face, striker in hand & mark the time.*

once enjoyed an unobstructed view of the sea & all the land around & a rousing cry could be raised at its assuring toll for fire or harvest or war &

marriage rites & eulogies & military honors in its shadow & dogs & kids,
to this day, hoot & bark & play around the base. Few

are left too tell of young men with quick feet & hands who struck the bell each noon all through the civil war . . . few but,

with his cup & leaning, one holds forth & speaks of those last days, marking time with his version of that makeshift chime,

circling his saucer with damp fingers, darting in & out & round & round like a company of bitter recruits ready to swarm.

#99

*Gràcia: plaça Rius i Taulet. El rellotge del campanar.*

. . . Fet callar per les bombes durant la revolta dels treballadors el 1870, el campanar va ser restaurat, però no el rellotge que ho va ser el 1947... I amb això i al migdia, durant tots aquests anys d'entremig, un ciutadà abrandat pujava per la part de fora del campanar amb un martell a la mà i feia sentir el pas del temps.

Un cop vaig gaudir d'una clara vista del mar i de tota la terra al voltant i un crit d'alçament podia ser fet com l'assegurança d'un peatge per un foc o una collita o una guerra i

noces i homenatges i honors militars a la seva ombra i gossos i mainada fins avui mateix, escalfor i lladrucs i jocs al seu voltant. Pocs

han quedat per explicar el que van fer aquells joves de peus lleugers i mans que van tocar la campana cada migdia a través de tota la Guerra Civil... Pocs, però,

amb el seu got i vinclat, un encara aguanta i parla d'aquells darrers dies, fent sentir el pas del temps amb aquelles campanades d'estar per casa,

fa cercles amb el plat i amb els dits humits, entra i surt i dóna voltes i voltes com una companyia de soldats rasos dolguts i disposats a l'atac.

**#100**

***Fruits & Vegetables***

Cabbage is the vegetable of choice in winter. That & broccoli & cauliflower & even the beets don't look too bad.

It seems, there are always vegetables flourishing somewhere near Barcelona among the vineyards & factories & shacks

along the rail lines where beans climb the lattice that are the windows & mounted riders appear in the distance & goat-herds &

as the train rounds another curve the Mediterranean Sea & naked bathers south of Sitges & the Roman walls at Tarragona &

in the mountains deer & rabbit & quail & partridge & pigeon & the cold demands something more & we climb to it

nibbling carrots & cheese & apples & tough bread & follow the bells the lead sheep wear to gather mushrooms & nuts & pears & wild

persimmons.

## #100

### *Fuites i verdures*

La col és la verdura que cal escollir a l'hivern. Aquesta i broquil i les coliflors i fins i tot les remolatxes no estan gens malament.

Sembla que a prop de Barcelona sempre hi ha verdures que floreixen entre les vinyes i les fabriques i les barraques

al costat de les vies del tren allí on les mongetes s'enfilen per l'enreixat que hi ha a les finestres i uns genets apareixen en la distància i ramats de cabres i mentre el tren fa una volta i voreja el Mediterrani banyistes despullats al sud de Sitges i per les muralles romanes de Tarragona i

en les muntanyes cérvol i conill i guatlla i perdiu i colom de bosc i el fred ens demana alguna cosa més i nosaltres hi arribem

Espipellant pastanagues i formatge i pomes i pa dur i seguin les campanes que porten a les ovelles a recollir bolets i fruits secs i peres i els caquis

salvatges.

### *#101*

### *The Woman In Mink*

bleaches her hair a very white blond & wears dark glasses even after five but rides #64 up Aribau to alight nearer the row of mansions than the disco & will not turn to speak to the man who thinks she dropped her earring or acknowledge the woman who graciously lets her pass but as she approaches the 'Massage & Sauna' her head slightly turns toward a lithe young man who seems to guard the door & only parts his lips in the coolest kind of grin to which she does or doesn't nod but the bus is past & she goes or stops . . . & the lithe young man . . . follows or not . . .

**#101**

***La dona amb visó***

Es tenyeix de rosa blanca el cabell i porta ulleres fosques fins i tot després de les cinc de la tarda però viatja amb l'autobús 64 Aribau amunt per sortir a la llum a prop d'una filera de cases en comptes de la discoteca i no es gira per parlar amb l'home que creu que a ella li ha caigut el seu aparell per escoltar millor o s'adona de la dona que amb gentilesa la deixa passar però mentre s'acosta al «Massatge i Sauna» el seu cap gira molt poc en direcció a un noi esvelt que sembla guarda la porta i ell solament obre una mica els llavis en una ganyota d'allò més freda a la qual ella respon o no però l'autobús ha passat i ella va o s'atura... i el noi esvelt... la segueix o no...

**#102**

***From Where I Sit***

I miss a lot. For instance,
there's this crippled woman who inches, No . . . shuffles, agonizing
inch by inch, from her doorway to the market but can't quite

carry anything home. I'm told, a young man will deliver it & I ask,
will it be ready for supper & who will stand
to stir the pot & who will offer

to massage her legs & change her dressing & who will care that she's set
this table as she's always done & steamed the clams
& smoked the herring & braised the duck &

will there, in fact, be a guest or relative or friend to break bread or
are these young men bearing, as they do each Tuesday a frozen meal or
instant soup or a bottle or two of a young but potent

ordinary wine?

**#102**

***Des d'on estic assegut***

Trobo a faltar moltes coses. Per exemple,
hi ha aquella dona coixa que avança molt a poc a poc. No... S'arrossega amb agonia pam a pam des de la porta de casa seva fins al mercat, però ben bé no pot

portar res cap a casa. Em diuen que un noi jove li porta i jo pregunto,
estarà disponible per sopar i qui s'estarà dret
i remenarà la casola i qui li oferirà

fer-li un massatge a les cames i canviar les seves gasses i qui tindrà cura que ella pari la taula com sempre ho ha fet i posi els crancs al vapor i fumi les arengades i rosteixi l'ànec

hi hagi, de fet, algú que sigui un convidat o un parent o un amic que talli el pa o són aquests nois joves que ho fan, igual cada dimarts un àpat del congelador o una sopa instantània o una ampolla o dos d'un vi a granel,

potent?

## #103

### *@ Els Quatre Gats*

a man has come with a woman to drink coffee & listen to her stories of loves & lovers & borders crossed & death & mourning & resurrection &

he offers a map of the United States but there are only outlines of mountains & rivers & cities & he offers to tell her but she would rather

see for herself so he orders another coffee & tries to explain it is really he who should be taking her & she reminds him that most of the young men

she knows speak English & how would he like to meet Anthony when he arrives & he tries to tell her that it is really he who should be showing her

the Golden Gate & how he knows his way in the dark & she reminds him that it is late & would he like to try their exceptional hot chocolate which

is more like warm pudding & he wipes the little smudge from her cheek with his napkin & she smiles & tells him how happy she is to finally be

without the death of her father & how her mother too is finally free & how she can't wait to begin again & he tells her again how much she

reminds him of his first journey to Morocco & the flies on the honey cakes & the water bearer & she wants to remember the eyes of the man

who married her sister & the hands of the man who is coming for her & they talk more of small dogs & the parrot on the shoulder of the sailor

& how there is never enough time to get the story right or to finish a sentence before it is time to leave again & she complains of the cold &

kisses him lightly on the cheek & promises to cook a fresh trout on Sunday & if the weather is right & the sleepers awake to invite

him too.

**#103**

## *Als Quatre gats*

Un home ha entrat a fer un cafè amb la seva dona i a escoltar les històries d'amors i enamorats i fronteres creuades i mor i dol i resurrecció i

ell ofereix un mapa dels Estats Units però només hi ha els traçats de les muntanyes i els rius i les ciutats i s'ofereix per dir-li però ella vol

veure-ho per si mateixa i ell demana un altre cafè i intenta explicar que de veritat hauria de ser ell qui la portes i ella li recorda que la majoria de joves

que ella coneix, parlen anglès i si a ell li agradaria conèixer a Anthony quan arribi i ell intenta dir-li de veritat que hauria de ser ell que li ensenyés

el pont de Golden Gate i de la manera que ell sap moure's en la foscor i ella li recorda que és tard i si ell voldria tastar l'excepcional xocolata desfeta que

sembla més aviat un púding calent i ell neteja una petita taca de la galta d'ella amb el tovalló i ella somriu i li explica la felicitat que té d'estar finalment

sense la mort del seu pare i com la seva mare finalment també és lliure i com no pot esperar a tornar a començar i ell li diu altre cop com ella

li recorda el seu primer viatge al Marroc i les mosques en els pastissets de mel i l'aiguader i ella vol recordar els ulls de l'home

que es va casar amb la seva germana i les mans de l'home que vindrà a buscar-la i continuen fent-la petar sobre gossos petits i el lloro en l'espatlla del mariner

i com mai no hi ha temps suficient per endreçar la història o acabar una frase abans que sigui l'hora de marxar altre cop i ella es queixa del fred i

li fa un petó lleu a la galta i es compromet a cuinar una truita fresca el diumenge i fa bo i si els adormits estan desperts també

el convidaran amb ell.

## #104

### *Figueres: "Theatre-Museu Dali"*

*"It is necessary that all of the people who come out of the museum have false information."* Dali

"I will climb first inside his ridiculous Cadillac & take a bath," he said, or so I thought I heard him say, in German or Swiss or maybe Dutch . . . you see, we are all here & what we hear is not the same as what we see which is not the same as what we think we see in a *Dali* . . . where the breast may be a loaf of bread . . . the crutch a Christ . . . a clock an eye & so it stops or revs its engine like a squawking duck [which may be the incarnation of Lucretia Borgia] or an angry Dali poised to paint his wife's portrait or cut her hair or cut her throat who knows . . . & who knows why he has his bulls snort & paw & race to the arena where the bones of the fallen knight are to be hung or tacked to the walls where his ants will cleanse them of surviving flesh . . . who but you who are always in the mirror & know these random 'balls-in-the-air' are a juggler's nightmare or a mere trick-of-the-trade to Salvador who will weave them into *Galatea: my beloved* who never wavers while all around her our essential organs bully their way toward a new beginning where a cushion may be a mouth . . .a hand a chair . . .where one must never conclude but be always in motion like the face which appears & disappears & reappears . . . like the watch which eludes time but is devoted to it . . . like the hole in the sky which must be filled but cannot . . . like the door 'Out' which is the way 'In' which is always a mistake . . .

### #104

### *Figueres: Teatre-Museu Dalí*

*«És necessari que tota la gent que surti del museu tingui informació falsa» Dalí.*

«Pujaré primer en aquest ridícul Cadillac i prendre un bany» ell va dir o això és el que em sembla que vaig sentir-li dir en alemany o suís o potser era holandès... Veus, tots som aquí i el que escoltes no és el mateix que veus que no és el mateix que pensem que veiem en *Dalí*...On els pits poden ser una llesca de pa... El cony un sant Crist... Un rellotge un ull i si s'atura o puja de voltes el motor com un ànec que piula (que perfectament pot ser l'encarnació de la Lucrècia Borja) o un Dalí enfadat disposat a pintar el retrat de la seva dona o tallar-li els cabells o tallar-li la gola o qui sap... I qui sap perquè té els seus braus que esbufeguen i potinegen i corren per plaça on els ossos dels cavallers caiguts han de ser penjats o entaforats a les parets on les seves pròpies formigues els netejaran de tota la carn que hagi sobreviscut... Qui si no tu que sempre estàs en el mirall i coneixes aquestes «boles en l'aire» que són un malson per al malabarista o un truc de la professió només per a en Salvador que les teixirà dins de la seva *estimada Galatea* que ella mai no teixeix mentre al seu voltant els nostres òrgans essencials empenyen el seu camí cap a un nou començament on un coixí pot ser una boca... una mà una cadira... on un mai no ha de concloure tot i que ha d'estar sempre en moviment com una cara que apareix i desapareix i torna a aparèixer... Com el rellotge que s'escapa al temps però hi està dedicat... Com un forat en el cel que ha de ser omplert però no és possible... Com la porta «Sortida» que és la porta d'«Entrada» que sempre és un error...

**# 105**

***Girona: 'The Call'***

A capacious & commanding *Star of David* has been crafted at the center
of a courtyard in Girona's old city, just up the steps from Carrer de la Forca,

in the district known as . . . 'The Call' or . . . 'Jewish Quarter,' &

although I listened for some echo of a cantor's lilting chant & murmurs
of those great debates which shaped the visions of Kabbala, today

there was only the clamor of gulls chasing the tide on the Onyar & folks
like us climbing stairs that join these resurrected rooms

that were the homes for hundreds in its day. &

while the ghosts of the Sephardim refuse to speak, there is no doubt, at
that crucial moment, they would come again & tap the right man to make

a minyan for a bris or funeral or Friday prayers . . . ever respectful of an

omniscient God / un-seen & un-attendant but . . . insistent & immaculate
& for whom they must reiterate each day of their lives

the ritual of the cleansing & the binding of the word upon the hands &
upon the eyes & all else which these teachings have fore-told.

**# 105**

***Girona: el Call***

Una forta i espaiosa *Estrella de David* està cisellada al centre d'un pati a la part vella de Girona, escales amunt del carrer de la Forca

en el barri conegut com... el Call o... el barri jueu i

tot i que vaig escoltar algun eco de les cobles i cants d'un cantant i murmuris d'aquells grans debats que van conformar les visions de la Kabbala, avui

només hi resta el clamor de les gavines perseguint el corrent de l'Onyar i persones com nosaltres que pugem aquestes escales que ajunten les cambres ressuscitades

on hi havia cases a cents durant aquell temps i

mentre els fantasmes dels Sephardim rebutgen parlar no hi ha cap dubte que en aquest moment crucial tornaran per assenyalar l'home adequat per a fer

*a minyan for a bris* o funeral o les pregàries de divendres... Sempre respectuosos d'un

Déu omniscient / no vist i tampoc no atès però... insistent i immaculat i per a qui han de reiterar cada dia de les seves vides

el ritual de la neteja i del lligam de la paraula per damunt de les mans i per damunt dels ulls i tota la resta per qui aquesta doctrina va ser ensenyada per sempre.

**#106**

***"... Narradors d'Histories": Fundacio "La Caixia" – An Exhibition***

*... each a capsule / each a flag to fly in the face of a selective history ...*

***1] Spanish Civil War - 1937***

See! I piss in your lap like an orphan (which is what I am) shuttled-off on ship to Leningrad.

See! I scribble my story in striking blue ink on your clean white shirt.

See! I shit in your shoe, you imbecile!

Yes! I am uncouth & too easily pleased & yes
I am among friends & far from home & yes
I am lost as sea.

***2] ... they are the displaced from their land: [Latvia – 1882 / 1996]***

*... none of the mouths show the slightest inclination to smile or laugh ...*

An eye rests
bright & curt
in the crook
of a tree.

A mouth curls up
like smoke rises
like a scar lifts
around a wound.

***3] washing ... the dead***

... the body lies on a dark plastic sheet on an iron table in an empty room. It is that of a woman / full-figured & middle-aged who will be attended by women who soap their cloths in a plain white dish & begin at her face & then her arms & hands & fingers & up again to her full breasts & the belly & lightly across the pubis & over the thighs & down the legs & feet & toes & at last to lift her to a white cotton sheet which is wound around & pressed & pinned course by course & the black cotton shoes are placed upon her feet & each lace tied to each & each crease folded & stretched until she is complete & only her face remains exposed.

**#106**

***Fundació "la Caixa" . . . Narradors d'històries: una exposició***

*Cadascú una píndola / cadascú una bandera per a volar encarant-se a una història selectiva*
...

***1] Guerra Civil espanyola - 1937***

Ho veus! Em pixo en la teva falda com si fos un orfe (que ho sóc) enviat en un vaixell cap a Leningrad.

Ho veus! Escric la meva història en una tinta blava llampant en la teva camisa blanca i neta

Ho veus! Em cago en la teva sabata, imbècil!

Sí! Sóc bast i massa fàcil de satisfer i si
jo estic entre amics i lluny de casa i si
jo estic perdut com la mar.

***2] ... Són desplaçats del seu territori: [Latvia – 1882 / 1996]***

*...Cap de les boques mostra la més lleu inclinació a somriure o riure...*

Un ull descansa
brillant i sec
en la crossa
d'un arbre

Una boca es torça
com el fum que s'alça
com una cicatriu puja
al voltant d'una ferida.

***3] Rentar... els morts***

...El cos està ajaçat damunt un tros de plàstic fosc damunt una taula de ferro en una habitació buida. És el d'una dona / ben plantada i d'edat mitjana que serà atesa per dones que remullen la seva roba en una palangana blanca i comencen amb la cara i després els braços i les mans i els dits i amunt i avall dels seus pits plens i la panxa i amb suavitat per damunt del pubis i per sobre les cuixes i per sota les cames i els peus i els dits i al final alçar-la i posar-la damunt d'un llençol blanc obert per tots els costats i planxat i cosit punt per punt i les seves sabates de cotó posades sota els peus i cada llaçada feta i cada arruga plegada i estirada fins que l'acaben i solament la seva cara es queda a l'aire.

**#107**

***Hotel / Pension***

a suit on a hanger in a closet / a neck-tie folded on a bureau / a fresh cigar in a glass ashtray / a lock & a key on a chain //

a suitcase opened on a tumbled bed / toothpaste stuck to a porcelain sink / a condom floating in a toilet / lipstick on a pillowcase //

a brassiere in a corner / a high-heeled shoe / a teddy-bear / a high-heeled shoe / water in a bathtub / a rosary / a shattered lamp //

a crushed cigarette / a towel on a tile floor / a nightgown on a chair / a man's watch / a razor / a broken window / curtains tied //

a gun on a dresser / a rubber duck / a child's comb & brush / a fresh Kotex / hair in a sink / a ring on a dresser / blood on a glove ///

**#107**

***Hotel / pensió***

Un vestit en un penjador en un armari / una corbata plegada en un calaix / un cigar fresc en un cendrer / un cadenat i una clau en una cadena //

una maleta oberta en un llit ensorrat / pasta de dents enganxada en una pica de porcellana / un preservatiu que sura en un vàter / pintallavis a la funda d'un coixí //

uns sostenidors en un racó / una sabata de taló alt / un ós de peluix / una sabata de taló alt / aigua en la banyera / un rosari / un llum trencat //

una cigarreta esmicolada / una tovallola damunt el terra enrajolat / un batí en una cadira / el rellotge d'un home / una maquineta d'afaitar / una finestra trencada / les cortines lligades //

una pistola en una raconera / un ànec de làtex / una pinta i raspall infantils / un Tampax fresc / cabells a la pica / una anella en una raconera / sang en un guant //

**#108**

***Matta: Centre Cultural Caixa Catalunya – An Exhibition***

Where machines explode . . . his body opens & divides / where the key
unlocks the belly / where Christ wears a dog's face / where
the vagina weeps & a sea-sponge writhes /

Where questions become answers, as in:

Who will marry with the goat &
Who will masturbate the mule ?
Who will pull the dead bodies from the trees?

. . . to find the ear a way to fly / a mouth to feed a mouth . . . to invade
the body through its anus . . . a martini in one hand / grenade
in the other //

*Where machines explode . . . his body opens & divides . . .*

***#108***

***Centre Cultural Caixa Catalunya . . . Matta: una exposició***

Allí on les màquines exploten... El seu cos s'obre i divideix / allí on la clau obre la panxa / on Jesucrist porta una cara de gos / on la vagina gemega i l'esponja es revolta /

allí on les preguntes es converteixen en respostes, com:

qui es casarà amb la cabra i
qui masturbarà a la mula?
qui collirà els cossos morts dels arbres?

per trobar una forma que l'orella voli / una boca doni de menjar a una altra boca... per envair el cos a través de l'anus... un Martini en una mà / una granada en l'altre //

*Allí on les maquines exploten... el seu cos s'obre i divideix...*

**#109**

*Carnival '99*

No matter how cold, she must go down & find her in some crummy bar with some long & lean lay-about with big brown eyes & a penchant for young blond goddesses & old whiskey &

no matter how late, she wont stop for a crack in the ice or a troop of actors to take her in & frame the season with a hot fire & a good tune on an old guitar &

no matter how many days remain, she will hunt with both hands full & sprinkle emeralds on her path & spray the air with the essence of violets & jasmine & rose &

no matter how old, she will tear out his iron heart & leave the shell & coax her back through tunnels of wind, through swamps of misery & squalor & carry her into the light & then

no matter how often they've denied her, they'll strike-up-the-band & run naked & sing & copulate by two's & three's & four until the moon is full & seed has set.

#109

*Carnestoltes 1999*

No té cap importància el fred que faci, ella ha de baixar i la trobes en qualsevol bar de mala mort amb qualsevol pòtol escardalenc i de fa molt temps amb ulls grans i morenos i una inclinació cap a joves deesses rosses i whisky vell i

No té cap importància que sigui tard ella no s'aturarà per un parany de coca o *crack* o per una colla d'actors que se la vulguin emportar i emmarcar la temporada amb un bon foc i una bona tonada en una guitarra vella i

no té cap importància els dies que resten, ella buscarà amb frisança i amb les dues mans plenes i en el seu camí borbollaran les maragdes i ruixarà l'aire amb essència de violetes i de gessamí i de rosa i

no té cap importància el gran que sigui, ell es trencarà el seu cor de ferro i deixarà la closca i s'entabanarà per tornar per túnels de vent, per entre aiguamolls de misèria i sordidesa i portar-la fins a la llum i aleshores

no té cap importància quan sovint ells li han negat, ells han fet tocar la música i han corregut despullats i han fornicat entre dos i tres i quatre fins que ha vingut la lluna plena i la llavor s'ha colgat.

**#110**

*There's An Old Man At A Bus Stop*

Boots buffed. Gray hair neatly dressed. Slacks formal & pressed.
He stares at nothing in particular . . . a spot in passing:

the lady & her poodle   coed with briefcase & helmet   the sun reflecting
passing traffic in the windows of Fincas Forcadell . . .

He's folded his arms across his chest but is not defiant rather, content &
lost for these few moments . . . to contemplate his horizon through

clear brown eyes / content to wait for that certain bus which he knows
will be coming soon.

**#110**

***Hi ha un home gran a la parada d'autobús***

Les botes groguenques. Els cabells grisos i molt ben arreglat. Pantalons de vestir ben planxats. No mira res en particular... un punt mentre passa:

la senyora i el seu gos de falda fent conjunt amb una cartera de mà i un casc de moto  el sol reflectint el trànsit que passa per davant de les finestres de Finques Forcadell...

Va creuar els braços però no pas d'una manera desafiant sinó més aviat content i perdut per aquests pocs moments... Per a contemplar el seu horitzó a través

dels ulls morenos / content d'esperar el proper autobús que sap que vindrà aviat.

***#111***

***22 February 1999***

If you count the infusion of walkers this first warm day you might think 'Spring' as literal & honest as Yuna's mongrel horse

which always returns to her special place to pee or the neighbor's cat that births her kittens in my bath . . .

when Spring jumps, there seems no turning back / like bears on the prowl hungry & gathering speed.

**#111**

***22 de febrer de 1999***

Si comptes l'explosió de vianants aquest primer dia de calor pots pensar que la «primavera» tan literal i honesta com el cavall mestís de la Yuna

que sempre torna al seu lloc especial per pixar-se en el gat del veí que té la seva gatinada al meu bany

quan la primavera salta no hi ha marxa enrere / com óssos que fan la ronda amb gana i agafen velocitat.

**#112**

***Ian Hamilton Finlay: Fundacio Joan Miro – An Exhibition***
***liberty, equality . . . eternity***

*A calm inhabits this place . . . like a calm which precedes dawn . . .*
*we board in dark & sail into light . . .*

It's here he's gathered his chosen elements: wood    stone    glass
paper    thread    brass  . . .  aluminum & neon &

he's woven them as a gloss to divine his universe of model ships &
polished oars & tanker ships & needlepoint & fighting ships &

we plow this sea rudderless past an idyllic garden & the broken columns
of Arcadia, past Robespierre's dog, a guillotine, Marat . . . past a culture

of swallows & drifting doves, a dingy at rest, waves to lift or toss all
boats . . . & he has bound us to the sea but would have the land too &

trees to give us hulls & trees to render shade & Sparta & Arcadia linked, as we
are linked, by water & wind & the frailty of words.

## #112

***Fundació Joan Miró. Ian Hamilton Finlay: una exposició llibertat, igualtat... eternitat***

> *Una calma habita en aquest indret... com la calma que ve abans de l'albada... Pugem a bord a la fosca i naveguem fins a la llum...*

És aquí que ell escull els seus elements: fusta pedra vidre paper cordill llautó... alumini i neó i

els teixeix com una lluentor que divinitza el seu univers de models de vaixells i rems polits i brodats i vaixells de guerra i

passem l'arada per aquesta mar menys ferotge d'un passat jardí ideal i les columnes trencades d'Arcadia, passat el gos de Robespierre, una guillotina, Marat... passada una cultura

d'orenetes i de coloms en ziga-zaga, un canot que descansa, onades per alçar i moure tots els vaixells... i ens ha embarcat a tots cap a mar tot i que voldria també la terra i

arbres per donar-nos bucs i arbres per oferir-nos ombra i Sparta i Arcadia enllaçats com si estiguessin travats per aigua i vent i la fragilitat de les paraules.

## #113

### *Merce Cunningham: Fundacio Antoni Tapies –An Exhibition*

*"The dance is an art in space and time*
*The object of the dancer is to obliterate that." mc*

I want to run into a wall & through it . . . climb to the moon on a rope of the finest linen . . . I want red to bring love & magenta a rippling pine . . . I want to ride on a cloud of spaghetti . . . swim though canyons filled with hungry crocodiles . . . I'll be a bird chasing scorpions across the sand . . . an Anaconda wrestling my weight in the shape of a fawn . . . I'm a galloping Rhinoceros unchained & spinning to my freedom on The Milky Way . . . a word looking for a sentence . . . a small boy on his way to second grade . . .

---

When you've turned the lights down low & are expecting your lover to come toward you naked & willing . . . you'll have rain & a visit from your sinister mother . . . While you gather your clothes for a trip to Paris you'll become bored & lonely & eat your lamp & burn letters . . . If you have not remembered where you lost your soul & whether it was important . . . you will . . . How you manage does not matter – take that first time with the clock & how it stopped just short . . .

---

I'll be the sun & the moon & the stars if you'll be the portrait & the door & our day-to-remember . . . I'll be the horse in the valley & the gentle rain & a river winding & a blossom about to fall if you'll be a parrot in flight, the rising tide, my moment-of-awareness . . . I'll be the last train to Mount Diablo if you'll be my locomotive . . . I'll be the bed . . . you be the sleep . . . I'll be the serpent . . . you be Eve . . . I'll want . . . & . . . I will . . . & . . . I can . . . & . . . I am . . . & you too . . .

## #113

### *Fundació Antoni Tapies. Mercè Cunningham: una exposició*

*«La dansa és un art en l'espai i en el temps*
*L'objecte del ballador és obliterar-ho.»* M.C.

Vull córrer contra una paret i travessar-la... i pujar fins a la lluna per una corda del lli més fi... Vull vermell per portar amor i magenta per un pi que tremola... Vull cavalcar en un núvol d'espaguetis... Nedar a través de calls plens d'afamats cocodrils... Seré un ocell que persegueix escorpins per la sorra... Una serp anaconda que lluita contra el meu pes en la forma d'un cervatell... Galopo rinoceronts sense cadenes i giravolto a voluntat i lliurament per la Via Làctia... Una paraula que cerca una frase...Un noi camí de passar a secundària...

Quan baixes la intensitat dels llums i esperes que el teu amant vingui cap a tu nu i disposat... Et plou i reps una visita de la teva mare sinistra... Mentre reculls la teva roba per a un viatge a París de cop i volta t'avorreixes i et trobes sol i et menges la bombeta i cremes cartes... Si no te'n recordes on vas perdre la teva ànima i fins i tot si era important... ho recordaràs... Com ho faràs no té cap importància -recorda la primera vegada amb el rellotge i com es va aturar abans que...

Seré el sol i la lluna i les estrelles si tu seràs el retrat i la porta i el dia per a recordar... seré el cavall a la vall i la pluja gentil i el riu que giragonsa i una florida a punt de caure si tu ets el lloro que vola, la marea que puja, el meu moment de lucidesa... Seré el darrer tren a Mount Diablo si ets la meva locomotora... Seré el llit... sigues la son.. Seré la serp... sigues Eva... Voldré... i... seré... Puc... i... sóc... I tu també...

**#114**

*Eye To Eye*

As a challenge, a man might & occasionally, out of mischief or curiosity, a young girl but never a mature woman on her own &

if one should mistake a fleeting glance for a sign of encouragement it is unlikely she will capitulate or even acknowledge . . .

But you may find an older woman with a lilt to her step willing & if you smile she may smile back & even ask a question

which you cannot understand but wish you could & she'll know you're lost or a stranger & whatever keeps you apart

it's safe for her to tease & leave you with a sporting wave & a chuckle she'll be sure you hear.

## #114

### *Ull per ull*

Com a repte un home pot mirar i en ocasions, per ser dolent o tenir curiositat un noi jove però mai una dona gran que està sola i

si un s'equivoqués amb una mirada fugissera per un senyal d'enardiment és poc probable que ella es rendeixi o fins i tot se n'adoni...

Tot i que et pots trobar una dona molt més gran amb un caminar cantussejat disposada a tornar-te el somriure i fins i tot a fer-te una pregunta

que no pots entendre però que voldries i ella sabrà que estàs perdut o ets estranger o sigui el que sigui el que us separa

està bé per a ella rifar-se i deixar-te amb un gest esportiu i un sorollet que està segura que escoltaràs.

**#115**

***Cava: An Advertisement***

"The art of small bubbles" . . . an exquisitely measured aftertaste to finish the afternoon . . . or to begin

immersing the two of you in a froth of dazzling effervescence

twisting your winsome bodies to their knees . . . your lips nipped & bitten & chewed to fluff –

each glass a leap into the well / each hesitation / an opportunity lost . . .

#115

*Cava: un anunci de televisió*

«L'art de les bombolletes»... Un regust exquisit i mesurat per acabar la tarda... Començar

a cabussar-se els dos en una escuma d'agosarada efervescència

giravolta la voluntat dels vostres cossos fins arribar a agenollar-se... Els llavis mossegats i rosegats fins a convertir-se en un desdibuixat borrissol

cada copa un pas cap al pou / cada dubte / una oportunitat perduda...

**#116**

***Festa San Medir – March 3rd – Gracia***

*. . . not only kids scramble for the hard little candies tossed in handfuls by riders on stately thoroughbreds . . . No! mom & dad, bags in hand, flurry & scurry along the curb snatching every stray piece in sight . . .*

We came for the horses: high-stepping Spanish Raza's & plumed & braided Arabians & the cabelleros & senoras who mount these steeds

with handfuls of colored bonbons & their bands which follow with marches & anthems & wagons & donkey-carts & donkeys &

antique cars & up the road someone spies the long awaited San Medir & all-at-once & without warning the revelers heave

their candy back & the little missiles ricochet off the saint's plastic shield like bullets or hail & the bravest ones rush his

carriage & swipe his hoard of sweets & rip-up the sprigs of pine that make his nest & as he passes I see the next group descend & the next &

then / he's out of sight & the street is dark & coated with a fine patina of sugar & we're glued to every step & a bit unsteady & have to

wonder why.

**#116**

***Festa de Sant Medir 3 de març / Gràcia***

*...No tan sols els nens es barallen per agafar els caramels llençats a grapats per genets damunt de majestuosos cavalls de casta... No! La mare i el pare amb bosses a les mans, de pressa i corrents per tota la vorera per rapinyar els caramels perduts...*

Hem vingut pels cavalls: de raça espanyola i trot alt i emplomallats i de raça àrab encordats i dames i cavallers que cavalquen aquestes cavalleries

amb grapats de llaminadures a les mans i les bandes que els segueixen amb marxes i himnes i carros i carretes i ases i

cotxes antics i al capdamunt del carrer algú espia l'esperada arribada de sant Medir i tot amunt plegat i sense avisar els barrillaires plouen

els caramels i els petits míssils reboten de l'escut de plàstic del sant com si fossin balins o calamarsada i els més valents corren fins al carruatge del sant

i neteja l'acumulació de caramels i s'emporta els branquillons de pi que li fan de niu i mentre el sant passa veig que la propera colla baixa i la propera i

aleshores / ja no el veig i el carrer és fosc i està cobert amb una fina capa de sucre i nosaltres ens enganxem a cada passa i és una mica insegur i ens hem

de preguntar el perquè.

**#117**

***Sunday: Jardins Del Poeta Eduard Marquina – Contemplating Departure***

With the sun in our eyes & a soft Mediterranean sky, it's a day for marbles or a chariot race through Parc del Turo Parc with Pablo Casals
poised to play

for pigeons & beagles & us too on the avenue christened in his name where a brace of geese greet kids on skateboards & bicycles &
mom & dad

& their twins at the door to our café who they'll teach to *push* instead of *pull* while we circle the great pond which has temporarily lost its lilies but the shrubs are trimmed

& an early spring has doves & young girls & flutes & violins & no time to think of farewell or the need today
for any other home.

## #117

***Diumenges: Jardins del poeta Eduard Marquina / contemplem la sortida***

Amb el sol de cara i un cel suau del Mediterrani fa dia per jugar a la barrisca
o una passejada amb carruatge pel Turó Parc amb Pau Casals a punt de tocar

per coloms i gossos de llargues orelles i per a nosaltres també en l'avinguda
bategada amb el seu nom un floc d'ànec donen la benvinguda als nois amb
*skate-boards* i bicicletes i la mare i el pare

i els bessons a la porta de la nostra cafeteria on els ensenyen la diferència entre
*push* en comptes de *pull* mentre en el passeig fem un cercle per un gran estany
que de manera temporal ha perdut els lliris però que les mates estan podades

i tot començar la primavera hi ha coloms blancs i noies joves i flautes i violins
i no hi ha temps per pensar en acomiadar-nos ni la necessitat avui
de fer-ho per una altra casa.

## #118

### *Soccer . . . In Masculine & Feminine Time*

These games are mostly for men. Or so it seems. In this small bar . . .
one's got a cigar . . . one, a small beer . . . one's with his dog & brandy –

& their women might be sharing a snack & a bottle of local wine & ignore the men & speak often & loudly above the din.

But, when a goal is struck & the men leap to their feet to toast each other & rave, the women will often turn, for just that moment, to see it again &

possibly smile to themselves if it's 'Barcelona' & then, go on with their debates & sorrows until the next & when time is called & the men

stand for another round & rehash the play, the women will merely rise & with kisses to each all around, pack their bags & with neither a glance

or word to the men, leave as easily as they have come & as willing & assured.

*#118*

*Futbol. . . En temps masculí i femení*

Aquests jocs són en majoria per a homes. O així ho sembla. En aquest bar petit... un home fuma un cigar... un pren una petita cervesa... un té el gos i una copa de conyac

i les seves dones potser compartiran una tapa amb una ampolla de vi de la casa i ignoraran els homes i parlaran sovint i fort per damunt del brogit.

Però quan es marca un gol i els homes s'aixequen i es brinden l'un a l'altre i deliren, les dones sovint en moments com aquest es giraran, per veure-ho altre cop en la repetició i

potser hi haurà un somriure si és el Barça que ha marcat i després continuaran amb les seves controvèrsies i penes fins la propera i quan el partit arriba al final i els homes

demanen una altra ronda i es refà el joc, les dones s'alçaran i es faran petons i guardaran les coses a la bossa i sense mirar els homes o bescanviar una paraula marxaran amb la mateixa facilitat que han vingut i tan decidides i segures.

### #119

### *The Gymnasium – Piscines Bernat Picornell*

*Gymnasiums are the same the world around. A distinct 'Esprit de Corps.' Especially those rooms in which men lift weights . . . challenging . . . muscle by muscle . . . their bodies to the last . . .*

On the count of three he hoists the bar & 260 pounds above his head in one clean move – a 'snatch' & locks his body: legs & back & arms extended . . . he's a small man with a neck as thick as a mule's & arms which measure eighteen inches around . . . he

& the one who tests his biceps: right then left then right then left, 'curling' each arm from lax to a tightened 'V'. . . 60 pounds hefted in each hand . . . or the one who lies on his back to 'press' 200 / 300 / 400 pounds ten times in the air . . . barely stop to chat & rarely smile

move slow & steady through their stations from one exhausted muscle group to the next . . .& occasionally they'll shrug to relax the back or flex & strike a pose & when a spotter is needed one is sure to oblige & no words need be exchanged. . . it's always just enough . . . to enter & begin.

**#119**

***Sala de peses – Piscines Bernat Picornell***

*Els gimnasos són iguals arreu del món. Un exclusiu «Esperit del Cos». Amb especial en aquelles sales on els homes aixequen peses... Repten... muscle per muscle... els seus cossos perquè durin.*

Conta fins a tres i alça la barra de 117 quilos i 78 grams per damunt del cap i un sol moviment net - en diuen en terminologia d'aquest esport un *snatch* i fixa el seu cos: cames i esquena i braços estesos... Ell és un home baixet però amb un coll tan gruixut com una mula i els braços que li mesuren 45,72 centímetres de perímetre... Ell

i l'altre home que li està comprovant els bíceps: primer el dret després l'esquerra aleshores el dret després l'esquerre, corbant cada braç des d'una posició de laxitud fins a fer forma de V ben fermada més de 27 quilos de muscle a cada mà... o l'altre que ajagut per fer pujar més de 90 quilos / més de 136 quilos / més de 189 quilos deu vegades en l'aire... sense parar per fer-la petar i gairebé mai sense un somriure

es mou a poc a poc i segur a través de les seves «parades» va des d'un grup de muscles esgotats fins a un altre... i en alguna que altra vegada ells arronsen les espatlles per relaxar-se o s'estiren o fan una positura i aleshores
quan cal un ajudant cadascú ha de complir i no cal bescanviar paraules... sempre n'hi ha prou... per entrar i començar

**#120**

***Music You Know But Can Never Find***

around the corner or up the street in a small but adequate flat with maybe
two rooms & a piano & castanets & her voice

leading back to listening against a street lamp drunk on its purity &
reverence . . .

as if she were here in the light with one hand pressed against my back &
the other

caressing genitals still too soft & shy . . . while strand by strand in her
wish to please

she hums in my ear & tongues . . . as if . . . as if . . . there were no music &
no desire &

we were awash in a play which the ear cannot hear & even the night
denies.

**#120**

***Música que coneixes, però que mai no pots trobar***

A la cantonada o al capdamunt del carrer hi ha un pis petit i adequat que té potser
dueshabitacions i un piano i castanyoles i la seva veu

que ens porta a escoltar-la altre cop contra el fanal i embriagats per la seva
puresa i reverència...

com si ella fos aquí a la llum amb una mà contra la meva espatlla

acaronant-me els genitals encara molt suau i amb vergonya... mentre
existeix bri a bri el seu desig de complaure

ella em mormola a l'orella i les llengües... Com si... com si... no hi hagués
música i cap desig i

estiguéssim abandonats en una obra de teatre on l'orella no pot sentir i fins i
tot la nit se'ns nega.

**#121**

***Diferent* – Carol Dilley & cia @ l'Espai – A Performance**

Six women wrestle . . . for a chair – *a chair*! Somewhere to sit . . . somewhere to be her-*self* . . . & some win & some lose & the odd-one

like Carol herself / muscular with short auburn hair / centers the terror. Can she be 'diferent'? Will they let her? Can she escape? Will they? . . . .

Inside [This war is always fought . . . *inside*] where an arm becomes a leg & a leg a baton which strikes . . . & the battle will rage & stop &

they'll dress & tease & pout & undress & kiss & dress again & you'll find them in the drums & under the waves & behind the chairs & . . . .

there will be no prisoners. That's a fact. & no one will emerge without the other in tow. As if they could . . . but cannot &

no matter how they run or where or how fast . . . the wall is higher each time & has become them all . . . as one . . . a wall.

**#121**

*L'espai:* **Diferent** – *Carol Dilley & cia. – un performance*

Sis dones es barallen... per una cadira. Una cadira. Un lloc on seure
un lloc per ser ella mateixa... i algunes guanyen i altres perden i l'extravagant

com la mateixa Carol / musculosa amb una mena de cabells color albergínia / ella centra el terror. Podria ser «diferent»? Ella la deixarien? Podria escapar? Ho podrien fer ells?
. . .

Dins (aquesta guerra sempre va ser lluitada... dins) on un braç es converteix en una cama i una cama un bastó per a pegar i la batalla s'aferrissa i s'atura i ells

es vestiran i es burlaran i faran el petarrell i es despullaran i es besaran i es tornaran a vestir i els trobaràs en els tambors i sota les onades i darrere les cadires i
. . .
no hi haurà presoners. Això és un fet. I ningú no sortirà a remolc de l'altre. Com si ells poguessin... però no poden i

no importa de la manera que corrin o cap on i quant de ràpid... La paret és més alta cada cop i ha convertit a tots ells... en un, en una... una paret.

**#122**

***Jazz Festival @ Terrassa . . . Spring Equinox***

It's a quiet & tight little town which might on any Sunday find twenty citizens out & about during supper but come **Jazz!** there are moms & dads & waves of kids trotting up the hill with blankets & a busload from Tarragona with Canons & Kodaks & we're here too with ours & a salami & cheese & a penchant for brass which appears in abundance / two trombones, three trumpets, four saxophones & an American dancer with pendulous breasts who insists on humming off key & her Spanish friend who gently caresses her ass & speaks loudly & recalls family & lands lost in the war & while Ellen angles for a clear shot of a lean & lithe contralto I light up a real Cuban cigar & lie back on the lawn in celebration of its quality & their perseverance as the chanteuse kicks into "Summertime" where '. . . livin is easy,' & the entire village begins to sway & their breathing comes quick & loud & they lose their leather & gloves & shimmy & shake like a snake about to rend its skin & they do in one protracted gasp & the sun rises higher in the mist & the band does too & swings to a new rendition of "Amazing Grace" & for all of us . . . it is!

## #122

*Jazz festival@Terrassa...*
*Equinocci de primavera*

És una ciutat més aviat petita i ben ordenada on cada diumenge pots trobar una vintena de ciutadans fent una volta a l'hora de sopar però ve el jazz i aleshores hi ha mares i pares i anades de mainada amunt i avall del turó amb mantes i un autobús ple de gent de Tarragona amb Canons i Kodaks i nosaltres també som aquí amb la nostra i botifarra i formatge i una inclinació pels diners ja que sembla que n'hi hagi en quantitat / dos trombons, tres trompetes, quatre saxofons i una ballarina americana amb pits que li pengen i que insisteix acantussejar i desafina i el seu amic espanyol que amb gentilesa acarona el seu cul i crida i recorda la família i la terra que va perdre durant la guerra i mentre que l'Ellen busca un lloc estratègic per tenir una bona imatge d'un contralt escardalenc i esvelt jo encenc un cigar cubà i m'estiro a l'herba per a celebrar la seva qualitat i perseverança mentre la cantant comença la canso *Summertime where... livin is easy,* i la petita ciutat sencera comença a gronxar-se i la seva respiració s'apropa de presa i ben forta i ells deixen anar la pell i els guants i es mouen & belluguen com si fos una serp a punt de mudar de pell i ho fan en un panteix sense espera i el sol s'alça alt per damunt la boirina i el grup també ho fa i s'inclina cap a una nova versió d'*Amazing Grace* i per a tots nosaltres... és!

#123

*Palm Sunday '99*

The mime who rises from his coffin each Sunday is nowhere to be found but there's Dali & his lively little pears at the Art Institute for free & more English tourists than last year & more expensive

palm fronds & pins & gewgaws & . . . still, the Sardanas begin on time with dancers tossing their jackets & duffels & purses & all the flotsam of their lives into the circle . . . which comrades understand & in Catalunya

at Catedral de Barcelona it's expected . . . as is a 'tip' to the band & an exchange of palm fronds for laurel where we are assured peace will endure but this Sunday in the distance

in Kosovo the innocents fall like stems before the scythe & resurrection or redemption will not be but a week away.

#123

*Diumenge de Rams 1999*

El mim que s'alça del seu taüt cada diumenge no se'l troba enlloc però hi ha Dalí i les seves peres tan vives a l'Art Institut de franc i més turistes anglesos aquest any que el passat i més cars

fronda de palmeres i pins i ornaments i... fins i tot les sardanes comencen a l'hora amb els sardanistes que llencen les seves jaquetes i abrics i bosses tota la resta de la seva vida dins del cercle... amb companys que entenen Catalunya

a la catedral de Barcelona s'espera... com si fos una propina per a la cobla i un intercanvi de palmes per llorers on s'assegura pau que gaudirem aquest diumenge però en la distància

a Kosovo els innocents cauen com el fum abans que la dalla i la resurrecció o redempció no es complirà sinó més enllà d'una setmana.

**#124**

***Holy Week '99 – In Valencia . . .***

1]
. . . hooded & fully cloaked in purple & white & black & red & saffron too these knights & their clans / sacred & secret &

bonded in brotherhood march & their drummers thump & thunder & their lighted miters cast their shadows on the stones &

more come after the first & more & more & their numbers grow & soon the streets & alleys are massed with their pounding & their roar &

the young kids stare & the mothers hold them close & no one of us has dared to move . . .

2]
. . . she removes her skirt & underclothes & squats in the fountain outside the city hall & washes her genitals as best she can in such surroundings & now she stands in the day & denounces us loudly for watching her in all her nakedness & dries herself & adjusts her clothes . . .

3]
. . . they've sliced & vented the belly of Erasmus, Bishop of Formia & are drawing out his entrails & winding them up on a wheel &

in this simple chapel they've preserved St. Vincent's severed arm along with his skull & a quite grand & ornate alcove offers

The Virgin Mother as she has been posed suckling her son [in lavender] & deified & crowned [in lace] & shaped & glorified at prayer with his

cap of thorns & the iron nails from his hands . . .

4]
. . . there's a pale & blond & exhausted greyhound with a small patch of mange on his side & ribs & spine so pronounced you know she hasn't fed for weeks but stands by the fountain in the only shade of this afternoon . . . & no one comes or whistles or produces a bone & when we do it is already too late . . .

**#124**

***Setmana Santa de 1999 –València. . .***

1]
...Encaputxats i completament disfressats de morat i blanc i vermell i safrà també aquests cavallers i el seus clans / sagrats i secrets i

lligats en una marxa de germanor i els cops dels tambors i la tempesta i els seus guants lluminosos llencen l'ombra cap a les pedres i

en vénen més després del primer i més i més i els nombres creixen i aviat els carrers i els carrerons són una massa amb els seus cops i el seu bram i

els nens se'ls miren i les mares els aguanten a prop d'elles i cap de nosaltres s'ha gosat moure...

2]
...Ella es treu la faldilla i la roba interior i s'ajup dins de la font que hi ha davant de l'ajuntament i es renta els genitals tan bé com pot en aquestes circumstàncies i s'alça en el dia i ens escridassa fort per mirar-la en tota la seva nuesa i s'eixuga i s'ajusta la roba...

3]
...Ells van tallar i van deixar respirar la panxa d'Erasmus Bisbe de Formia i li treuen els budells i els lliguen a una roda

en aquesta senzilla capella està guardat el braç tallat de sant Vicenç al costat de la seva calavera i en una alcova bastant gran i ornamentada s'ofereix

la verge Maria que ha adoptat la postura de tenir el seu fill que mama (en color lavanda) i deïficat i coronat (en cordó) i format i glorificat amb el

barret de punxes i els claus de ferro de les seves mans...

4]
...Hi ha un pàl·lid i exhaust gos llebrer amb una petita clapa de sarna al costat i les costelles i l'espinada tan pronunciada un sap que no ha menjat durant setmanes però es queda al costat de la font en l'única ombra que hi ha a la tarda... i ningú no ve ni xiula ni ensenya un os i quan nosaltres ho fem ja és massa tard...

5]
. . . on each Good Friday, a replica of a crucified & dying Jesus is enough to bring believers to their knees &

in Valencia, as in most of Spain, where his passion is marked by prayer & the tolling of bells, the devote are locked in private reverie &

like a pilgrim unsure of his place or why, I too have come to witness this & the devotion which precedes redemption &

slowly walk the 'stations' of his cross . . .

5]
...Cada Divendres Sant una replica d'un crucificat i Jesucrist que mor és suficient per portar els creients que s'agenollin i

a València, com arreu d'Espanya, on la passió ve marcada per la pregària i el repicar de campanes i els devots estan tancats en una abstracció privada i

com un pelegrí que s'assegura el seu lloc o el perquè, jo també he vingut a ser testimoni de la devoció que precedeix a la redempció

caminar lentament les «estacions» de la seva creu...

# 125

*Tas Keta: The Restaurant – Holy Week – Valencia '99*

It's after ten PM in Plaza Santa Margarita & an unpretentious doorway & the unmistakable chatter of plates & glasses & tableware & the voice of Joan Baez singing "The Night They Drove Old Dixie Down" & Heide Braun with her impish grin directing traffic & packing the tables & making sure we're welcome in her groove . . . so we begin with a melange of grilled vegetables: zucchini & oyster mushrooms & eggplant & asparagus & onions & pimentos & we'll have a Greek Salad of tomato & cucumber & feta cheese & a seafood brochette of shrimp & Hake & brochettes of lamb & veal & beef & we'll relish a bottle of a well aged local red & the room fills with young women & young men who sip a little wine & sample sausages & small plates of cheese & tuna & greens & there's a hint of marijuana in the air & a hint of gay romance & the posters celebrate peace & the magazines celebrate our sexual appetites & a unity in time . . . where you find yourself in a strange town late on Good Friday night feeding a stray cat with scraps from your plate & you know you've come for Easter & the resurrection or at least another chance & at Tas Keta there's a moment to reflect & a coffee to share & a cold sweet muscatel.

## # 125

### *Tas Keta: el restaurant – Setmana Santa – València 1999*

És més tard de les deu de la nit a la plaça santa Margarida i un portal poc pretensiós i la claca dels plats i els gots i els coberts i la veu de Joan Baez que canta *The Night They Drove Old Dixie Down* i Heide Braun amb la seva ganyota maliciosa quan dirigeix el tràfec i para les taules i s'assegura que ets benvingut en el seu cau musical... Així que comencem amb una barreja de verdures a la brasa: *zucchini* i bolets d'ostra i albergínia i espàrrecs i cebes i pebrots i nosaltres prendrem l'amanida grega de tomàquet i cogombre i formatge grec i una broqueta de gambes i lluç i broquetes de be i vedella i bou i nosaltres gaudirem d'una ampolla de vi negre que hagi envellit bé i les sales plenes de dones joves i homes joves que beuen un traguet de vi i proven les botifarres i un plat petit de formatge i tonyina i verdura i hi ha toc de marihuana en l'aire i un aire de romanticisme *gay* i el pòster per a celebrar la pau i les revistes celebren les nostres apetències sexuals i una comunió amb el temps... Allà on et trobes en una ciutat estranya tard a la nit d'un Divendres Sant donant de menjar a un gat sense amo amb restes del teu plat de menjar i saps que has vingut per les vacances de Setmana Santa i la resurrecció o fins i tot una altra oportunitat i a Tas Keta hi ha un moment per reflexionar i un cafè per compartir i un moscatell fred i dolç.

**#126**

***Infirmities***

The stranger wakes *assault & pain* & calm
succumbs to terror. . . . *gnawing & dull & bloated*

The stomach is the first to fail . . . so vulnerable this,
fibrous bag of acid & air (what vermin dares invade) . . . & sanctified . . . & so?!

Confront me! Do me harm / but to my face! Let me defend . . . (the body weakens) let me . . .

"Will we want an ambulance?" *loud & disruptive* "Let's not have the 'ambulance.'" "Shall we walk then, to

hospital . . ." *EMERGENCY* . . .Yes! . . . "He'll need sutures & bedpan & nurses & there will be blood & . . ."

"No time to joke!" There's much to be done & to be seen. Infirmities will have their day . . . attack all

too soon & do what they will . . . take fair warning . . . there wont be time for another.

#126

*Infermeries*

L'estrany es desperta *agressió i dolor* i la calma
deixa pas al terror... *rosegat i avorrit i inflat*

L'estómac és el primer a caure... És tan vulnerable aquesta,
bossa fibrosa d'aire i àcid (quin verí gosa envair)... i santificada i
què?!

Encarat amb mi! Fes-me mal / però a la cara! Deixa'm defensar... (el cos s'afebleix) deixa'm...

«Voldrem una ambulància?» *cridant i fora de lloc* «Doncs no agafem una ambulància" «Aleshores et sembla que caminen fins

a l'hospital...» *EMERGÈNCIES*...D'acord!... Li calen punts de sutura i orinal i infermeres i hi haurà sang i...

«No hi ha temps per fer bromes!» Hi ha molt per fer i per veure. Les infermeries tindran el seu moment... Ataca-les totes

ben aviat i fes el que et diguin... Pren el seu bon consell... No hi haurà temps per a un altre.

**#127**

***'quan ses bistis volaven' . . . l'Espai – Dance #6 . . .*** They

dance, these two *[as the writer writes]* & stumble & reach out even . . .
& sheet after sheet of news they toss to crumble & fly . . . & she recites

tomes & poems & novels & Oh . . . how she recites!! & drowns in their
weight & will she find herself [& him] glued to volumes &

first editions & newsprint & . . . will they be birthed *[as the writer
writes]* coiled inside themselves / shedding their skin / consumed . . . ?

**#127**

***L'Espai – dance #6 «quan ses bistis volaven»...***

Ells ballen, aquests dos (de la mateixa manera que l'escriptor escriu) i ensopego i miro d'arribar més lluny que fins i tot i pàgina rere pàgina de notícies ells llencen i arruguen i fan volar... i ella recita

toms i poemes i novel·les i oh... com recita!! I deixa caure el seu pes i ella es trobarà a si mateixa (i a ell) enganxats a volums i

primeres edicions i diaris i... se'ls hi donarà naixement (tal i com l'escriptor ho escriu) cargolats dins de si mateixos / mudant-se la pell / consumits...?

**#128**

***"Barcelona! Take Back Your Foot-Paths!"***

must be the cry heard on every street where these saboteurs gossip & smooze & toy with their pups & kids & grand-kids & like an army dispersed to boggle the mind or arrest the pace of progress they insinuate themselves in all manner of place . . . five abreast, feet planted & never a glance from side to side & never to be moved an inch, why, I've been confronted by a hoard as recently as today; while combing Aribau for croissants I hurried past the latest scaffolding but to no avail! There they were! The corner at Maria Cubi & *It Was There's!* . . . not one / not one . . . would dare to pass: a gnarly mini-Schnauzer / three little tikes exploring refuse & six of their 'soldiers' audacious & unrelenting . . . & soon there were four of us then eight then twelve & soon the entire path behind was jammed with bodies sweating in the heat of this warm April afternoon & waiting & smoking & grunting & finally the dog relented & sauntered to one side & one by one we could twist our way through but only one-at-a-time & then only if we turned our shoulders slightly & at last, by dusk, we were all free once again / free / this time / free . . . until the next . . . "Take back the footpaths," must be our cry! Their minions are more each day & expanding & everywhere.

#128

*«Barcelona! Reprenem els camins!»*

Ha de ser el crit que s'escolta en cada carrer on aquests sabotejadors tafanejant i suavitzant i jugant amb els seus cadells i fills i néts i com un exèrcit dispers per a confondre el cap o per a aturar el progrés de la pau ells s'insinuen de qualsevol manera... cinc en línia, els peus a terra i mai ni una mirada de cantó a cantó i mai no mouràs ni un centímetre, perquè, fins avui he estat encarat per una acumulació; mentre pentinava el carrer Aribau per a trobar croissants he passat de pressa la darrera bastida però no hi ha hagut sort! Allí eren! A la cantonada de Marià Cubí i *Eren els seus!*... ningú / ningú... no s'atreveix a passar: un arrugat i petit gos alemany / tres petits gossos petaners exploren les deixalles i sis dels seus soldats valents i sense cansar-se... i aviat som quatre i mes tard vuit i després dotze i aviat tot el camí cap enrere estava ple a vessar de cossos que suen en la calor de la tarda d'aquest abril calorós i esperen i fumen i remuguen i per acabar el gos afluixa i deambula cap una banda i una per a una nosaltres podem retorçar el camí tot i que en fila índia hem d'anar i aleshores solament si girem les espatlles lleugerament i al final, cap a la vesprada, tots serem lliures altre cop / lliures / aquesta vegada / lliures... fins la propera... «Reprenem els camins» ha de ser el nostre bram! Dels seus servents n'hi ha més cada dia i creixen i s'escampen pertot arreu.

**#129**

***The Girl With Lavender Hair***

waits for a bus & sucks a chupa-chup & hums an angry tune she's stuck
on & plugged in to . . . with her walk-man turned up real loud . . . she has

pale, iridescent skin & a web of veins, intricate as a map of rivers,
tattooed on her neck . . . which pulses quickly & . . . when

she licks her lolly-pop she flicks her tongue around its sphere worrying it
just enough to wet her tinted lips too & . . . when

she looks up her cool green eyes fix on a schooner under sail or a falcon
in flight or her mother's last words.

**#129**

***La noia amb cabells d'espígol***

Espera l'autobús i llepa un Chupa-Chups i xiuxiueja una cançó violenta que se li ha quedat al cap i s'hi ha endollat... Amb el seu *walk-man* amb el volum ben alt... Ella té

la pell pàl·lida i lluminosa i una intricada xarxa de venes, com un mapa de rius, tatuat en el seu coll... que polsa de pressa i... aleshores

llepa la piruleta i deixa córrer la llengua pertot arreu de l'esfera amoïnant-se en la mesura necessària perquè mullar-se els llavis tintats i... quan

ella mira cap amunt els seus ulls verds i freds es fixen en una goleta que navega amb la vela inflada o un falcó en ple vol o les darreres paraules de la seva mare.

## #130

### *"La Fotographia Pictorialista En Espana 1900–1936" – An Exhibition*

*She's a large-boned 'farmer's daughter' of a woman in a loose fitting gown which she's cinched at the waist & she's hung a scythe & fringe & a large satin rose at her breast & dangles a broad-brimmed summer hat & clutches her harvest of wheat & whose skin shines & beckons & . . .*

Experiments, to be sure & historically late & . . . posed in the garb of the time . . . these from Moorish stock:

a leathery patriarch & his brood of supple-bodied daughters / an austere countenance / their flirtations & the camera knows . . .

there's a girl-child cradling a baby doll called, "young mother" & a family gathered at table for their evening meal &

ducks & goats & a river & the shimmering skin of a woman's back & islands out of focus & a mountain & a wet & dreamy landscape that

oozes at the edge . . . & the camera knows . . . the mother church fixed aside these long & rolling hills &

the sea which surrounds us / fit for a ship which is fit for a crew who are urged to follow . . . & late in this life as the camera knows

each will tell on each & each for its own.

**#130**

## *La Fotografia Pictorialista a Espanya 1900 – 1936: una exposició*

*Ella és apersonada «filla de pagès» d'una dona que porta un batí que li va balder du una sotaventrera a la cintura i li penja una godalla i serrell i una gran rosa setinada al pit que li pengen sota un ample barret de palla i agafa la seva collita de blat que brilla cada gra i atreu l'atenció i...*

Fer experiments, per estar-ne segur i arribar històricament tard i posicionar-se en el signe del temps... des de les reserves marroquines

un patriarca arrugat i el seu estol de filles de cos subtil / una continència magra / el seu coqueteig i la càmera avui sap...

hi ha una nena que bressola una nina que es diu «mare jove» i una família que s'ajunta a la taula per sopar i

ànecs i cabres i un riu i la lluminosa pell de l'espatlla d'una dona i una illa desenfocada i una muntanya i un paisatge humit i de somni que

respira per les cantonades... i la càmera ho sap... La Santa Mare Església ha fixat en un cantó aquests pujols ondulats

i la mar que ens envolta / disposada per un vaixell que està disposada per a un equip de mariners que tenen pressa per seguir... i tard en aquesta vida la càmera ho sap

que cadascú li dirà a cadascú i cadascú a si mateix.

***#131***

***'Trans Fugues' @ L'Espai: Barcelona – 1999: A Performance***

***From the Shadow Comes***

[1]
. . . a female voice & another & the pairs of hands which reach out & back & seem to want to touch but don't &

the voices of women merge into a song of mourning & a leg at first & another leans into the next & their dance begins

one tentative step at a time & the shadow parts & we are offered a face upon which to place a voice & another face to learn again to trust . . .

[2]
. . . a wrestler & wrestling . . . when the smaller body overcomes the larger . . . there's a moment

when the hand of a stranger will replace your own & you must give all you have of reminiscence or belonging or

bend or break . . . She whispers to her sister behind the scrim: ha-ha!
ho-ho! ack-ack! & she sputters & whines & we______

[3]
. . . a dancer & I remember . . . dancing. It was high-school. I was eighteen & a little drunk & she was seventeen & a virgin &

out of the shadow came her father or was it her boyfriend . . . it doesn't matter now . . . that shadow / these shadows . . .

a woman's arm coming through the scrim . . . her sister's voice . . . & one takes the drum & one a lyre & they play & hum & stroke . . .

[4]
. . . a stranger in white who offers to kiss your stricken baby & make it whole & lifts him gently from his crib & tosses him into the air & pivots &

makes that desperate catch on-the-fly . . . a stranger with green eyes & a shadow which mimics & cajoles & at the last second drops

like the last whisper of Winter or the first of Spring . . . to be counted . . . to be dismissed . . . to . . . be / come . . . again.

***#131***

***«Trànsfugues»@ L'Espai: Barcelona – 1999: un performance***

***Ve des de l'ombra***

[1]
Una veu de dona i una altra i un parell de mans que cerquen cap a fora i cap endins i sembla que volen tocar-se però no i

les veus de les dones s'encardinen amb la cançó del matí i una cama primer i una altra s'inclina cap a la propera i la dansa comença

una passa temptativa cada cop i l'ombra se separa i se'ns ofereix una cara sobre la qual hem de posicionar una veu i una altra cara amb qui hem d'aprendre a confiar

[2]
...Un lluitador i la lluita... que el cos petit passa per damunt del gran... hi ha un moment

quan la mà de l'estrany reemplaça la teva i has de donar tot allò que et queda o et pertany o

girar o trencar... Ella xiuxiueja a la seva germana darrere de la ràfia: ha-ha! Ho-ho! Ack-ack! I ella espetega i gemega i nosaltres ______

[3]
Una ballarina i jo recordo... que balla. Era a l'institut. Tenia divuit anys i estava una mica èbria i ella en tenia disset i era verge i

de la foscor va aparèixer el seu pare o era la seva parella... Ara i aquí no té cap importància... Aquella foscor aquesta foscor

el braç d'una dona a través d'una ràfia... La veu de la seva germana... I un pren el tambor i un altre la lira i ells toquen i mormolen i acaricien

[4]
...Un estrany de blanc que ofereix un petó al teu nadó poc afortunat i el fa complert i l'alça gentilment del pessebre i el llença cap amunt i gira i

executa a la desesperada un t'atrapo mentre voles... Un estrany amb els ulls verds i una ombra la qual escarneix i entabana i en el darrer moment cau

com el darrer floc de l'hivern o el primer de la primavera... per a ser comptat... per a ser acomiadat... per a... ser / present... altre cop.

# 132

*Festa Sant Jordi: Flowers . . . Flags . . . Books [#2 – 1999]*

It's begun to rain, so I buy a wet rose & place it in your hand & you buy a book which you place in mine . . . it's a book about Chagall's dreams &

it's raining harder by the time we come to a restaurant so we hide in a doorway & I read to you from the book

about his wedding & a glass of wine & the love he tried to share with his wife & how birds always landed on her arms &

how she birthed a big fish & he swam up inside her & rode out on a sleek white horse who whistled & snorted &

how he found the angels & acrobats & round-breasted virgins & set a table for all his family & how

only fish will fly & play their violins for the dancers who wave their flags & strut above the head of the sleeper . . . &

the rain has stopped & our restaurant is waiting & I dive into you as quick as a tongue & we uncork our wine & drink . . .

# 132

*Festa de Sant Jordi: flors... Senyeres... Llibres [#2 – 1999]*

Ha començat a ploure, així que he comprat una rosa mullada i te l'he posada a la mà i tu has comprat un llibre i l'has posat a la meva... És un llibre que parla dels somnis de Chagall i

plou més fort quan arribem a un restaurant i ens amaguem en un portal i jo et llegeixo coses del llibre

del seu matrimoni i un got de vi i l'amor que va intentar de compartir amb la seva dona i com els ocells sempre es posaven en les mans d'ella i

com ella va donar llum a un peix gran i ell va nedar cap amunt a dins d'ella i va muntar un elegant cavall blanc que renillava i bufegava i

com ell va trobar els àngels i els acròbates i les verges amb pits rodons i va disposar una taula per a la seva família i com

només els peixos poden volar i tocar els violins per als ballarins que ondegen les senyes i gallegen per damunt del cap de l'adormit... i

la pluja ha parat i el nostre restaurant ens està esperant i jo m'endinso en tu ràpid com una llengua i obrim la nostra ampolla de vi i bevem...

#133

***Barnasex: An Exhibition***

The woman on stage is blond & athletic & firm & knows her body is a force & uses it piece by piece to allure & dismiss &

arouse mostly young men but women too who watch her strip to her skin which she sprays with oils & creams & rubs

into herself before she inserts a dildo shaped like human cock & a smaller member in her ass & bumps & grinds & humps . . .

her sexual lips rosy & swollen & wet & below her we huddle & swarm & shoot our Nikons & Kodaks &

mini-cams like amateurs who snicker & strut & rush the rail as she bends back one last time & opens herself &

waves . . .

**#133**

*Barnasex: una exhibició*

La dona damunt l'escenari és rossa i atlètica i de carn ferma i sap que el seu cos és una força i el fa servir peça a peça per atreure i acomiadar i

Excitar nois joves en majoria però dones també que l'observen com es despulla de tot menys la pell que unta amb olis i cremes i vaselina

endins abans que ella entafori un consolador en forma de polla d'home i un altre més petit pel forat del cul i s'agita i somriu i ondula

els seus llavis roses sexuals i inflats i mullats i sota d'ella nosaltres ens apinyem i pul·lulem i fem servir les nostres Nikon i Kodak i

petites càmeres de filmar com si fóssim amateurs que guipen i ens fem el gall i correm cap a la barra mentre ella s'ajup per darrera vegada i s'obre de cames i

s'acomiada....

## #134

### *Marc Chagall @ Centre Cultural Caixa Catalunya – An Exhibition*

" . . . To me, art is mainly about a condition of [my] soul" M.C.

He's the horned goat in red robes with his Cheshire grin, the trout that swims above the marriage bed, a chicken chasing a Rabbi home.

He's the violin that plays the funeral, the cow that gives green milk, the clock that marks our time.

He's the husband & the wife adrift in midair, a Shofar trumpeting Rosh Hashanah, a loafing Hassid called to prayer.

He's a gambler with his foot in his mouth, a drunkard pissing against the fence, Jacob battling his angel.

He's Abraham with a knife at Isaac's throat, a lover stroking the skin of his beloved, Job frozen in despair.

He is, in fact, all that he has gleaned & pressed to his breast & wrestled to the earth & tamed & . . . reluctantly released . . .

## #134

### *Exposició de Marc Chagall@Centre Cultural Caixa Catalunya*

*«...Per a mi, l'art és, sobretot referència a la condició de la (meva) ànima.»* M.C.

Ell és el boc amb banyes i roba vermella amb el somriure de gat de Cheshire, la truita que neda damunt del llit de matrimoni, un pollastre que persegueix un Rabí cap a casa.

Ell és el violí que toca en un funeral. La vaca que dóna llet verda, el rellotge que marca el nostre temps.

Ell és el marit i la dona perduts enmig de l'aire, un Shofar que amplifica un Rosh Hashanah, un Hassid gandul per anar a fer la pregària.

Ell és un jugador amb el peu a la boca, un home ebri que pixa contra la reixa, Jacob barallant-se amb el seu àngel.

Ell és Abraham amb un ganivet a la gola d'Isaac, un amant que acarona la pell de l'estimada, Job gelat de desconsol.

Ell és, de fet, tot allò que lluït i ha cenyit contra el pit i ha lluitat amb la terra i ha conquerit i... a contracor ha deixat anar...

**#135**

***W. Eugene Smith: Photographic Essays***
***Museu Nacional D'art De Catalunya – An Exhibition***

*The child's naked body is punctured & limp & no more than a foot long & dangles from the soldier's hands & the Welsh miners are smeared with coal & streaked with sweat & glare from their blackened faces & a roaring cross of the KKK & the leper's swollen & infected foot & the manic stare of the deranged & crazed & death from poison in Minamata &. . . &*

there's his 'Dairy' of New York (1957-58) ,
"As From My Window, I Sometimes Glance . . ."

where he's the spy who counts the days & the moments & the peccadilloes of the unsuspecting: the kiss, the argument, the indecision &

you will learn to trust him, to find an opening in the earth, like this isolated village west of Madrid in The Extremadura where there's a

deserted field & the winnowing of wheat & a stooped planter leveling his furrow with a bare wooden board & seeding one bean hill at a time & his

neighbor guides the weathered mule down another long & gnarly row &
he sets aside his camera & wets his finger & kneels down & tastes the

the bite & the bitter & the salt.

**#135**

***W. Eugene Smith: assaigs fotogràfics***
***Una exposició: Museu Nacional d'Art de Catalunya***

*El cos despullat del noi està tot burxat i coixeja i no és més alt que tres pams i penja de les mans d'un soldat i els miners gal·lesos estan bruts de carbó i plens de suor i enlluernats des de les cares brutes i una creu del KKK que brama i els leprosos tumefactes i els peus infectats i la mirada maníaca dels desencaminats i els bojos i els morts emmetzinats a Ninatama i... i*

Hi ha el seu Dietari de Nova York (1957-1958),
«A Vegades Miro com si Estigués a la Finestra de Casa...»

allí on ell és l'espia que compta els dies i els moments i els petits pecats d'aquells que no ho sospiten; el petó, la discussió, la indecisió i

aprendràs a confiar amb ell, a trobar una obertura a la terra, com aquest llogaret aïllat a l'oest de Madrid en la regió d'Extremadura on hi ha

un camp agostat i el baleig del blat i un pagès aturat que anivella els solcs només amb una planxa de fusta i planta un turó de mongetes rere l'altre i

el veí que porta la mula amb aigua fins un altre solc allargat i retorçat camí i ell deixa la càmera en un costat i s'humiteja els dits i s'agenolla i prova

la mossegada i l'amargor i la sal.

**#136**

***Joan Colom: Photos & Film***
***Museu Nacional D'art De Catalunya – An Exhibition***

It's the women who catch your eye: old & toothless & taking the sun on a worn city bench, the shopper

bagging the rudiments of dinner, a hooker recently back from a trick & a quick carajillo &

men too: bored & alone & hovering in doorways & a corner 'queen' prancing & posing & a bit offended &

this animated dad miming for his swaddled son . . . & in fact, they're all here in Barrio Chino in 1961 when he was forty & a dozen kids

do their tricks & stunts & tussles & goofs . . . & like an ensemble of clowns mustered to rampage & bungle

they climb each other's backs & flaunt & wrestle & mug [this one's got his tongue stuck up his nose] &

all for the sake of the movie in which they will star, kicking the can & stealing the light & down the alley & into the dark . . .

**#136**

***Joan Colom: fotografies & pel·lícula***
***Una exposició: Museu Nacional d'Art de Catalunya***

Són les dones que et criden l'atenció; velles i sense dents i que prenen el sol en un banc gastat de la ciutat, el botiguer

posa en una bossa les deixalles d'un sopar, una prostituta que acaba de tornar de fer un servei i un *carajillo* ràpid i

els homes també: sols i agrupant-se per les portes i en un racó una "mariquita" disposada i posant-s'hi bé i una mica ofesa i

aquell pare animat que fa mímica per al fill ja massa gran... i de fet, ells són en el Barri Xino el 1961 que tenia quaranta anys i una dotzena de nois i noies

feien els seus trucs i tombarelles i batusses i embolics... com si fossin una tropa de pallassos buscant forces per a saquejar i esgarrar

pugen a l'espatlla l'un de l'altre i rumbegen i es barallen i atraquen (a aquest se li ha enganxat la llengua al forat del nas) i

tot perquè la pel·lícula vagi bé, aquella en què tots faran d'estrella, i seran els reis i xuparan focus i camí avall i fins la foscor

**#137**

***Swimming With Sharks: Piscines Bernat Picornell***

She's removed the top to her swim suit & pulled her blood-red briefs up between her legs like a thong & she lifts herself high

with each easy stroke of her crawl & her skin shimmers & her buttocks swell & she works her legs two, four, six kicks with each breath &

here in the midday heat the men are nonchalant & the men are sweating & the men are pumping faster & making a windmill of their arms &

she has switched to a breast-stroke & kicks her legs out & wide apart & there are now four men behind her & they stroke more slowly &

in tandem as if circling & . . . closing in . . . as if it were possible but it is not & they burn & churn the water gnashing & thrashing &

the bronzed skin will not be stroked & the illusive red line will not be crossed . . .

**#137**

***Neden entre taurons: piscines Bernat Picornell***

Ella es treu la part de dalt del vestit de bany i es puja les calcetes de color roig de sang entre les cames com si fos una corretja i s'alça ben amunt

en cada fàcil braçada del crol i la pell li brilla i les galtes del cul onegen i ella fa anar les cames dos, quatre, sis puntades amb cada glop d'aire i

aquí en la calor del migdia els homes estan despreocupats i els homes suen i els homes apressen i fan de molí de vent amb els braços i

ella ha canviat a braçada i llença les cames cap a fora i les obre ben bé i hi ha quatre homes darrere seu i ells fan braçades més lentes

com un tàndem, com si fessin un cercle i... tanquessin... com si fos possible però no i cremen i baten l'aigua i la fan cruixir i l'apallissen i

la pell d'aram no podrà ser acariciada i la fugaç línia vermella no serà creuada...

#138

### *In The Time of Unusual Calm*

I've come to relish sanity, predictable & consistent functions of the bowel & a good night's sleep.

In this time of calm, I enjoy a positive word, strong & fresh coffee & a carefully prepared Paella.

In this time, I resist a fear of growing infirm, moments of poor judgment, formidable rage.

This time, I yearn to make love with my wife, promise a less fretful countenance, fresh flowers on Tuesday.

& since this time has come, I will oil my skin & set out across the field & climb high to the tall green grasses &

hone a new house out of rock & this time, I'll gather herbs & dig a deep well & make ready to fight off the cold

which is sure to come.

#138

***En el temps poc corrent de molta calma***

He arribat a assaborir la salut, previsible i les funcions consistents dels budells i una nit ben dormida.

En aquest temps de calma, gaudeixo d'una paraula positiva, forta i cafè recent fet i una paella molt ben preparada.

En temps com aquest em resisteixo a la por de convertir-me en malaltís, moments de judici poc encertat, formidable aferrissament.

En aquest temps em deleixo per fer l'amor amb la meva dona, una conducta amb menys frisança, flors fresques els dimarts.

i des que aquest temps ha arribat em poso oli a la pell i me'n vaig pel camp i pujo alt per damunt dels matolls verds i

faré punta a una casa nova que surti de la mateixa pedra i aquesta vegada recolliré herbes i faré un pou ben fondo i estaré disposat a encarar el fred

que estic segur que vindrà.

**#139**

***Grand Via: The Shop of Marcelo Vila***

Each day & all afternoon the full breasted & lean hipped mannequins of Marcelo Vila languish naked & with lowered eyes / some draped in tinsel & some in silver foil & none in the bright lights of the night when they will dress in orange & purple gowns & tease their lacquered hair & highlight their nails & apply tattoos to their shoulders & thighs & they will practice cunnilingus & dance by twos & threes & perform fellatio on the solitary man who's been bronzed & knotted & bound to a post & one will begin to speak & then another & soon the upper floor is wringing with their curses & their tongues mingle & their boots tap out their demands & one will usually extract her head & another an arm & parade at their window & remove some clothes & pose & strut & not too long & not if Marcelo Vila is coming & not if the portero is near & not if you or I have come to watch & not if the sun begins to rise.

**#139**

***Gran Via: la botiga de Marcelo Vila***

Cada dia i tota la tarda els maniquins de Marcelo Vila amb tots els pits i els malucs estilitzats s'entendreixen despullats i amb la mirada caiguda / alguns d'ella estan embolicats amb tires brillants i alguns amb paper de plata i cap amb les llums brillants de la nit quan es vestiran amb vestits de taronja i púrpura i jugaran amb els cabells lacats i emfatitzaran les ungles i es faran tatuatges a les espatlles i a les cuixes i els practicaran cunnilinció i ballaran de dos en dos i de tres en tres i faran una fel·lació a l'home solitari que estava bronzejant-se i lligat i fermat a un amarrador i un començarà a parlar i aleshores un altre i ben aviat el pis de dalt es retorça amb totes les seves malediccions i les seves llengües s'enllacen i les seves botes copegen fora les peticions i un per costum es treu el cap i un altre un braç i fan desfilada per l'aparador i es treuen les roba i posen i gallegen i no per gaire estona i no si Marcelo Vila arriba i no si el porter és a prop i no si tu o jo hem vingut a mirar i no si el sol s'alça.

**#140**

## *Let The Camera Do The Talking*

### *After Tracey Moffatt: Fundacio "la Caixa" May 1999: An Exhibition*

***She crawls from her hangover talking to the wall & like a dog she whines & whinnies like a horse & . . . we cannot hear a sound . . .***

***but we do the screams in the night of the old woman & the child & the weeping of the daughter & . . .***

***& no words will come from the bent figure of a woman who waits for the whip & the knife & another woman's hand . . .***

You cannot race or they will catch you & turn you back & you will speak in tongues & waddle & snipe & bite down hard on the back of the youngest. ***Look!*** The old man means no harm . . . merely haunts his women like a lamb in a tree / a satyr with one in the oven . . . will crawl across the road & hoop & holler & . . . ***Look!*** I'm your daughter & I've come to hate you & all your smells & ruined clothes & wait uneasily for death to clear the room. ***Look!*** I'm not an image . . . am not . . . an image . . . you made . . . but I am in your eye a feast & I will feed on that!

**#140**

***Deixa que la càmera parli***

***Després de Tracey Moffatt. Fundació "la Caixa", maig 1999: una exposició***

***Ella s'arrossega de la ressaca i parla amb la paret i com un gos udola i renilla com una euga i... nosaltres no podem sentir res***

***tot i que fem els crits d'una dona vella a la nit i l'infant i el plor de la filla i...***

***i cap paraula sortirà de la figura encorbada de dona que espera pel fuet i el ganivet i la mà d'una altra dona...***

No pots córrer o ells t'atraparan i torna i parlaràs en diferents llengües i brandaràs i tirotejats i mossegaràs fort a la part baixa de l'esquena de la més jove. ***Mira!*** L'home gran no farà cap mal... només persegueix a les seves dones com una ovella en un arbre / un sàtir amb una al forn... s'arrossegarà pel mig del camí i cercolar i cridar i... ***Mira!*** Sóc la teva filla i he vingut a odiar-te i totes les teves olors i la roba feta malbé i espero amb dificultat que la mort desembarassi l'habitació. ***Mira!*** No sóc una imatge... no pas... una imatge... que fas... tot i que en els teus ulls sóc una festa i jo m'alimentaré d'això!

## #141

### *The Funeral of Jordi Maragall*

*". . . es el resumen de la historia de esta tierra durante el siglo XX, hijo del poeta nacional, vivio la eclosion de la burguesia y estaba destinado a ser uno de los padres intelectuales de la patria, pero la guerra lo echo todo a perder." Josep Maria Ballarin*

*". . . it is the summary of the history of this land during the twentieth century that this son of the national poet, rejected his privileged life in the middle class to accept his role as one of the intellectual parents of the country, but the war spoiled it all." . . .[trans. r.a].*

The church 'Parroquial de Sant Ildefons' is just around my corner & I saw them when I was headed home after some last minute shopping: the TV crew & radio jocks & journalists & paparazzi & Guardia Urbana & private security & street-sweepers too & limousines with Barcelona's famous fathers & mothers & their chauffeurs . . . & editors & publishers & bankers & writers & directors de theatrals & young politicos & handlers & promoters & the wreaths from the place where he 'lay in state': Tiger Lilies & Roses & Birds of Paradise – all the reds & yellows of the Catalan Flag – a bit wilted – but banded with ribbons & banners bearing the signet of Barcelona & that of Catalunya as befits last wishes to a Senator 'Socialista' & son of a national poet & father of a mayor past . . . & the hearse charged with the transport of his body arrives in a shot of rain & the pall-bearers heft the burnished walnut coffin & slowly wend their way up the steps & through the door & down the center aisle of this recently refurbished church where Jordi Maragall, in its past, had made his confessions & christened his children & today waits this hour for the final word.

## #141

## *El funeral de Jordi Maragall*

*«...És el resum de la història d'aquesta terra durant el segle* XX, *fill del poeta nacional va viure l'eclosió de la burgesia i estava destinat a ser un dels pares intel·lectuals de la pàtria, però la guerra ho va llençar tot en* orris.» *Josep Maria Ballarin*

L'església parroquial de sant Idelfons és al costat de casa i jo els vaig veure quan anava cap a casa després de fer compres de darrera hora: els equips de TV i els periodistes de ràdio i més periodistes i fotògrafs i Guàrdia Urbana i agents de seguretat privada i escombriaires també i les limusines amb el pare i la mare dels famosos de Barcelona i amb els seus xofers... i editors i amos d'editorials i banquers i escriptors i directors de teatre i joves polítics i comissionistes i promotors i les corones de la ciutat que diuen: descans d'estat: lliris i roses i flors del paradís - tots els vermells i els grocs de la bandera catalana -una mica descolorida- però envoltada de llaçades i senyeres que porten la insígnia de Barcelona i aquella de Catalunya com correspon als desigs d'un senador socialista i fill d'un poeta nacional i pare d'un passat alcalde... I la carrossa porta el transport del seu cos que arriba amb un cop de pluja i els fornits nois que carreguen el polit taüt d'avellaner i a poc a poc fan el seu el camí escales amunt i per la porta i pel passadís del centre de la recent reconstruïda església on Jordi Maragall en el passat va fer les seves confessions i va confirmar els seus fills i avui s'espera per escoltar les paraules finals.

## #142

### *The Cook, The Food & The Power*

*. . .the potential to nourish & sustain & he or she who dispenses it . . .the power!*

Think of those who design & sweat & weave that magic no one can know & just when you're on the verge, Voila!

the feast appears & you're overwhelmed & pleased & the cook grins that silly grin & infers, ' . . . it was nothing' & knows

the game is close & now the test is texture & taste & again, Bravo! & accolades & a certain

calm & depression & a stiff shot of Chivas in the back or a more genteel glass of wine

but no food for the cook who totters on the edge of wanting to go home & read the morning paper & maybe sleep

but the work is not complete without an appearance & a bow & another glass of wine & maybe another &

a taste of this & a taste of that & maybe a kiss from the host or hostess or their brother or sister or their son or daughter & maybe

the cook will declare success or defeat & pack-up the knives & truffles & slip silently out the door or maybe

choose to stay the night in that quaint & secluded cottage in the trees & wait to see what's for desert?!

**#142**

***El cuiner, el menjar i el poder***

*El potencial per a alimentar i sostenir i ell o ella que ho donen... El poder!...*

Pensa amb aquells que dissenyen i suen i teixeixen tota aquesta màgia que ningú no sap com i en el moment que et sembla que estàs al començament, Ve-t'ho aquí!

La festa apareix i tu estàs molt content i satisfet i el cuinar fa una ganyota aquella ganyota de babau i addueix... no té cap importància i sap

que la partida està acabada i ara la prova està en la textura i el gust i altre cop, bravos i homenatges i una certa

calma i depressió i un bon raig de Chivas cap avall o un vas de vi més amable

però no hi ha menjar per al cuiner que trontolla en la frisança per anar a casa i llegir el diari i potser fer una capcinada

però la feina no està acabada sense un donar la cara i una inclinació i un altre got de vi i potser un altre

una mica d'aquest i una mica de l'altre i potser un petó per part de l'amfitrió o l'amfitriona o el seu germà o la germana o el seu fill o filla i potser

el cuiner declararà l'èxit o el fracàs i endreçarà els ganivets i les tòfones i sortirà amb silenci i zigal per la porta o potser

es decidirà a quedar-se a la nit en aquesta curiosa i amagada masia entre els arbres i esperar per a veure què és el que hi ha per postres?!

## #143

### *Summer: Working It*

The mime with big feet, a cherry nose & a horn to honk waddles &
whistles as we pass & will sing Yankee Doodle if you'll feed his jiggling

cup & the drummer who cannot drum recites Bob Dylan's 'Like A Rolling
Stone' while thumping away on his clay pot top & a small

women in ruby tights tumbles & occasionally falls & giggles & bows her
head for her nickels & that elusive quarter &

Marta will design a tattooed collar around your neck & a bearded man in
a dress will attempt to kiss you & The Lovers

will pantomime their kiss & exchange real roses or give you one for
yourself at a price & a threadbare Charley Chaplain keeps up a smile &

dances a little jig with his cane & bowler hat & The Indian In The Tree
mocks you from his roost & tosses peanut shells &

under the statue of Columbus who deliberately points a way, a man who
keeps nine mongrel dogs, three cats & a parrot auctions his

seven kittens for food & a clean place to sleep.

#143

***Estiu: fent-lo servir***

El mim amb els peus grans i nas vermell i una botzina per fer-la tocar balanceja i xiula, mentre passem i cantarà *Yankee Doodle* si li omples el plateret

i el tambor que no pot tocar mentre recita de Bob Dylan *Like A Rolling Stone* mentre copeja el pot de fang i una dona menuda

amb mitges escarlata fa tombarelles i a vegades cau i fa esclafits de riure i inclina el cap pels seus dinerons i aquelles escadusseres cent pessetes

la Marta et dissenyarà un tatuatge en forma de collaret per al coll i un home amb barba i un vestit de dona intentarà besar-te i Els Enamorats

faran veure que es fan un petó i bescanviaran roses o te'n donaran una a canvi de diners i un rosegat Charlie Chaplin segueix fent-nos riure i

balla una petita giga amb el seu bastó i el seu barret de bolet i l'indi a l'arbre se'n riu des del lloc on dorm i llença clofolles de cacauet i

sota l'estàtua de Colom que de manera deliberada apunta cap allí, un home que té nou gossos petaners, tres gats i un lloro treu a subhasta

set gats per menjar i un lloc net per a dormir.

**#144**

*The Club*

If you have Visa or Master Card or Cash, you are welcome & No! No! it is no *'discoteca'* & No! it is no *'sauna tradicional'* but is for men . . .

anytime the blood is 'high in the loins' as they would say & the family is safely ensconced in bed or in front of the TV

he goes for a smoke & glass of wine & here is where he will come for the final thrust of the evening &

there will be a booth for touching & 'frenching' & we will pay 10,000 pesetas & further down the hall

there will be another booth for 15,000 & finally [for 20,000] there will be a round bed & mirrors & music &

there will be a *senorita* who will be pleased to tell you she is from anywhere in the world &

will fly you anywhere you might like to go in the world of her body or of yours.

**#144**

***El club***

Si tens una Visa o Master Card o efectiu ets benvingut i no! no! No és una discoteca i no! No és una sauna tradicional però és per a homes…

a qualsevol hora que la pressió de la sang estrenyi les juntures de la carn tal com diuen i la família està sana i estàlvia al llit o davant del televisor

ell hi va per fumar una cigarreta o prendre un got de vi i és aquí on ve per l'empenta final de la nit i

hi haurà un reservat per a les carícies i les besades de genital i nosaltres pagarem 10.000 pta. i més endavant

hi haurà un altre reservat per 15.000 pta. i per acabar (per 20.000) hi haurà un llit rodó i miralls i música i

hi haurà una senyoreta que estarà encantada de dir-te que ella ve de tot arreu del món

i et farà volar a tot arreu si tu vols pujar en el món del seu cos o del teu.

**#145**

***& In The End . . .*** *After: Ernest Hemingway's:* *The Old Man And The Sea*

*. . . and so I went home / and lived in idleness.*
T'ao Ch'ien, 300AD

There are days when the slightest mistake / the slightest diversion will test a long held belief . . . take that time in Cabo San Lucas . . . I was fishing Tuna in a small boat just offshore & along comes this Sailfish & snatches the loose lure right off the top & here I am curled against the gunwales feet braced & this five hundred pound giant taking all I've got & Caesar says 'Cut It!' & I say 'No!' & there's no more line & we're dragged out to sea & he's bound to tire & we go further & the sun is dropping fast & I know his wife misses him & I stand up & yell at this monster fish & call him names & dare him to 'Get me' & I see him 'tail' & wheel & here he comes & "Whap!" he stabs the boat & breaks his bill & his eyes roll up & he flops on his back & we've got a rope around him & Caesar cranks the engine & here we go back to the ranch & a couple of choice filets with butter & lemon & garlic & I give him a big kiss & he says, 'home is all there is' & we look for a time in each other's eyes & find our strength again & begin to laugh . . .

**#145**

***El darrer. . .*** *Després: Ernest Hemingway*: El vell i el mar

*« ...I aleshores vaig tornar a casa / i vaig viure sense fer res... »*
T'ao Ch'ien, 300AD

Hi ha dies quan la més petita equivocació / la més petita distracció posa a prova una antiga qüestió de fe... per exemple, aquella vegada a Cabo San Lucas ... estava pescant la tonyina en una barca petita a prop de la costa i va venir aquell peixot i va esgarrapar per damunt el cimbell fluix i em podies veure encorbat contra la soleta agafat pels peus i aquell gegant de més de dos-cents quilos emportant-se tot el que tinc i Caesar que diu «Talla» i jo que dic «No!» i no hi ha més llinya i som arrossegats mar endins i el peix està condemnat a cansar-se i anem més lluny i el sol cau de pressa i sé que la seva dona el troba a faltar i jo m'alço i crido a aquest monstre de peix i l'insulto i el repto que vingui a buscar-me i veig com es gira i roda i ve i Whap contra la barca i es trenca el morro i els seus ulls giravolten i es deixa caure panxa enlaire i li posem una corda al voltant i Caesar amb la maneta engega el motor i tornem a la casa i un parell de filets dels millors amb mantega i llimona i all i li faig un fort peto i ell diu «la casa és tot el que hi ha» i ens mirem als ulls i trobem altre cop la força i comencem a riure...

## #146

### *Classical Radio – Barcelona*

### *While Listening To Dvorak's Symphony #9 'From The New World'*

*". . . in the . . . origins of the North American nation . . . the founding fathers wanted to build a utopia outside of history. . . . History is a responsibility Americans would rather not have."*

*Octavio Paz*

It's been raining on & off all afternoon. There's more to come. Two kids in scuffed Nikes run though the puddles. One has a backpack that says ***No Fear*** & baggy shorts & wet slicked hair.

The delivery at the Condis market is late. Probably the rain. The driver unloads 'skids' of Condis toilet paper & Damm beer & Kellogg's Special K & it's raining harder now & he covers the load with a plastic tarp . . .

The Herald Tribune say's business is still thriving in America. It also says, the president is firm in his commitment to end the war in Kosovo on his terms & bring the refugees home.

A woman emerges from her doorway with a load of garbage for the dumpster & two bottles to recycle & two cans & hands them to a man who has an umbrella . . .

There's a young couple parked in a new Alfa Romeo. He has his hand on her knee & she's kissing him on his neck. It's not quite five & there's plenty of time.

It seems, while I've been away, someone has auctioned more of Marilyn Monroe's personal possessions & James Taylor has renewed his career after twenty years on heroin &

as he does every morning, afternoon & evening, in spite of the rain, my neighbor walks his aging Spitz who is lame & stays very close & will not come to strangers &

Ellen's back from her dental appointment having less pain for two-thirds the price while on page eight it says a destitute farmer on Medicare in Nebraska can't afford the Percodan to ease his own &

## #146

### *Radio Clàssica: Mentre escolto la Novena Simfonia de Dvorak* Des d'un nou món

*«...En el... començament de la nació nord-americana... Els pares fundadors volien construir una utopia fora de la història... La Història és una responsabilitat que als americans els agradaria no haver de tenir.»*
*Octavio Paz*

Ha plogut a estones durant tota la tarda. Continuarà plovent més. Dos nois amb les sabates marcades per Nike corren per damunt dels bassals. Un porta una motxilla que diu ***Cap Por*** i els pantalons balders i els cabells mullats i estirats

El repartiment a supermercat Condis porta retard. Probablement per culpa de la pluja. El conductor descarregar contenidors de paper de vàter Condis i cervesa Damn i Kellogs Special K i plou més fort i el conductor ho cobreix amb una lona de plàstic...

El *Herald Tribune* diu que els negocis van força bé a Amèrica i també diu que el president està decisit a acabar la guerra a Kosovo en els seus terminis i tornaran els refugiats a casa.

Una dona surt de casa seva amb una bona quantitat de deixalles per al contenidor i dues ampolles per a reciclar i dues llaunes i els dóna a l'home que porta un paraigua

Hi ha una parella de joves amb un Alfa Romeo nou. Ell té la mà en el genoll d'ella i ella li fa petons al coll. No són encara les cinc i tenen molt de temps.

Sembla ser que mentre he estat fora algú ha subhastat encara més coses personals de Marilyn Monroe i James Taylor ha renovat la seva carrera després de vint anys prenent heroïna i

i com cada matí, migdia i vespre el meu veí malgrat la pluja treu a passejar el seu gos de raça Spitz que està coix i camina molt a prop seu i no fa cas d'estranys i

L'Ellen ha tornat de la seva visita al dentista i té menys dolor per haver pagat dues terceres parts del preu mentre que a la pagina vuit parla d'un pagès desvalgut del pla Medicare que no pot pagar el Percodan per apaivagar el seu de dolor i

the rain seems to have stopped & just in time for my walk & Dvorak's celebration is almost complete with a fanfare & blustery show of what could & what might & tonight

we'll look to a clearing sky & stars to bring us closer to some semblance of grace & his vision may well remain a myth & . . . the riddle to be entered into.

La pluja sembla que s'atura i a l'hora exacta del meu passeig i la celebració de Dvorak està a punt d'acabar amb xim-xim i mostra de brams del que podia i potser pot i aquesta nit

mirarem el cel clar i les estrelles ens aproparan a alguna semblança de gràcia i la visió de Dvorak potser seguirà com a mite i... un enigma per endinsar-nos.

**#147**

***Election Day: Sunday June 13, 1999***

Everybody comes. Rain or no. After church or instead. Moms & dads & grand-ma & grand-dad with kids & grand-kids on either arm & students & shopkeepers & cops & doctors & pharmacists & . . . & one neighbor tends the other's pots & a cab driver waits for the woman in the wheel chair who has no one & . . . & then they're home for a long & leisurely lunch & maybe afterwards a film or a walk along the waterfront or a ride high in the sky in the Transbordador from the port to Montjuic & back & . . .

the beach is almost deserted. A few hard-core players kick a soccer ball in the damp sand & even though the sun's yet to appear there's a robust woman in a swimsuit reclining on her blanket & a couple of lovers entwined under the sea-wall's ledge & I look for a safe place to stash my gear & in a light breeze stroke out easily & relish that slightly sticky residue from the salt which dries along my legs & back &

on the bus home a father & his young son & daughter elect to sit across from me & the kids offer their books to show decals of enchanted frogs & Princess Leia & Hans Solo & Donald Duck & Yoda & Darth Vader & it seems they've come from a book fair where dad's found a weathered copy of poems by Jimenez & a folio of Chinese prints & when they get up to leave at Diagonal we all smile & say, "Adios" & just before the bus pulls away, they look back & I wave & they wave too.

**#147**

***Dia d'eleccions: diumenge, 13 de juny de 1999***

Tothom surt. Plogui o no. Després d'anar a missa o en comptes d'anar-hi. Mares i pares i avis i àvies amb nens i néts als braços i estudiants i botiguers i policies i metges i farmacèutics i... un veí cuida les plantes de l'altre i un taxista espera una dona en cadira de rodes que no té a ningú i... i aleshores ells s'estan a casa per a un llarg i tranquil dinar i potser després anar al cine o una passejada per l'escullera o un passeig pel funicular des del port fins a Montjuïc i tornar i

la platja està gairebé sense ningú. Poca gent de platja i tossuda juguen a pilota per la sorra humida i tot i que el sol encara no ha aparegut una dona robusta en vestit de bany es reclina amb la manta i una parella lligada sota la paret de la platja i jo busco un lloc segur on guardar les meves coses i en un fonarell lleuger que acaricia amb facilitat i assaboreixo un estricte i suau romanent de la sal que se m'asseca per les cames i esquena i

a l'autobús cap a casa un pare i el seu fill petit i filla pubilla seu al meu davant i el noi ensenya els seus llibres amb dibuixos de capgrossos encantats i la Princesa Leia i Han Solo i Donald Duck i Yoda i Darth Vader sembla que tornin d'una fira del llibre on el pare ha trobat una copia gastada dels poemes de Juan Ramon Jiménez i una edició de gravats xinesos i quan tots ens alcem per baixar a la parada de la Diagonal ens creuem un somriure i ens diem «Adéu» i abans que l'autobús se'n vagi, ells miren enrere i em saluden i jo els hi torno.

#148

*In The Street*

a test of wills & we've seen it before two men toe to toe sputtering & cursing their faces sleet & high winds & one crimped fender begets a dented hood & fists fly & cops come & nothing has been settled but a crowd has joined & someone might offer to go for coffee & maybe popcorn & the kids will take sides & yell at each other from across the street & there might be a tow truck & fireworks because it's the week of Fiesta Sant Joan when they explode at random reminding us of blazes & bacchanals & don't forget your m-80's & bazookas & chinese rockets & a friend or lover & Montjuic which will be awash in color & sound & conflagration which will begin in earnest after midnight & wave on wave of reverb & drums & these two guys don't get it here in the middle of Madrazo with traffic jammed & fists in the air & cops & horns & only two more days to wait!

***#148***

***Al carrer***

Una prova de voluntats i nosaltres ja hem vist abans aquests dos homes ben junts i petarrellegen i l'aiguaneu que els maleeix les cares i un encrespat paraxocs engendra una caputxa dentada i els cops de punys volen i els policies apareixen i res s'ha arreglat tot i que s'aplega una gentada i algú potser dirà que anem a prendre un cafè i potser crispetes de blat de moro i els nens podran posar-se a un cantó o a l'altre i escridassar-se els uns als altres des de cada cantó del carrer i potser hi haurà un camió amb remolc i coets perquè és la festa de Sant Joan quan els coets explotin a l'atzar ens recordaran flamarades i bacanals i no us oblideu els fusells M-80 i els bazookes i els coets xinesos o un amic o un amant i Montjuïc estarà ple de color i so i un incendi que començarà ben bé després de mitjanit i ona rere ona de reverberació i tambors i aquests dos homes que no arriben fins aquí a la meitat del carrer Madrazo amb el trànsit aturat i els cops de puny en l'aire i els policies i les botzines i només dos dies més d'espera!

**#149**

***We Share A Bedroom***

with our deaf neighbor who resides above & rises at five AM to scrub her floors dragging her daybed & chairs & tables & lamps from one side to the next their little metal shoes scarring my brain with the incessant screech of their friction & their resistance.

She does not seem to have noticed the concrete walls or granite floors . . . no more than two inches thick & never so much as introduced to insulation . . . they convey unhampered her farts & showers / belches & baths & all miscellaneous manner of music.

I have written her a note: *Please do not* . . . *I cannot sleep* . . . *Please* . . . & she must have understood . . . but that was months ago & she has forgotten my note & has a new metal bucket which she hauls from room to room harvesting dirt & dust & creatures who scurry on sharp iron nails into my bed

where I lie with earplugs jammed painfully against my drums but they come anyway & litter & loiter & drive me into the day angry & weak & left with no choice but to arm . . . & that will not do . . . so I will grit my teeth & nap in the afternoon & dream of her long vacations & of mine.

## #149

*Compartim un dormitori*

Amb la veïna sorda que viu damunt i s'alça a les cinc del matí per fregar el pis arrossegant el seu sofà-llit i cadires i taules i llums de peu d'un cantó a l'altre i els seus petits peus de metall esgarrapant-me el cervell amb l'esgarip constant de la fricció i la resistència

No s'adona de les parets de ciment o del terra de granit... que no són més que deu centímetres de gruix i mai no s'ha pensat en la insonorització... Aquestes parets que porten sense garbuix els pets i les dutxes / i els rots i els banys i tota la miscel·lània d'aquest tipus de música

Li he escrit una nota: *Sisplau no... No puc dormir... sisplau...* i sembla que ho hagi entès... però això va passar fa molts mesos i ella s'ha oblidat de la meva nota i té una galleda de metall nova que ella carreteja d'habitació en habitació collin merda i pols i criatures que de pressa corren amb afilats claus de ferro en el meu llit

on sóc ajagut amb taps a l'orella ben comprimits contra la cavitat però els sorolls arriben i embruten i ronden i em porten a entrar en el dia rabiós i dèbil i em deixa només en l'elecció d'armar... i això no pot ser... així que premo en força el barram i faig una capcinada a primera hora de la tarda i somio amb unes llargues vacances i meves.

## #150

### *Festa Sant Joan – Night & The Fires & Discovering Colometa**

*Last year they torched a car on Calle Brusi . . . the heat shattered 'Guitar Lessons & Repair' peeled walls at #54 & melted the painter's scrim which hung above . . . its charred hulk remained for weeks . . .*

Tonight, a smattering of rain chases all but the most committed pyromaniacs under tents & umbrellas & at Parc de Joan Miro a feast of roasted morcilla & chorizo & onions & peppers & Jamaican drums &

below the Palace on Montjuic the famous fountains rise up once again & swell & roil & surge to the rhythms of McCartney & Rodrigo & Pucinni & in Gracia the crescendo of cherry bombs ricochets

through Placa del Sol where a man & woman dance a samba in the mist & in Placa del Diamant the light from a tempered fire frames the bronze of a grieving Colometa who explodes her frieze in a flock of doves

naked / arms outstretched & mouth agape to utter at last her dismal cry of freedom.

* *Colometa: Heroine of the novel: The Time Of The Doves by Merce Rodoreda*
*Love & loss & the Spanish Civil War*

## #150

### *La revetlla de Sant Joan – nit i les fogates i descobrir Colometa**

*L'any passat van cremar un cotxe en el carrer Brusi... La calor va fer malbé el rètol «Lliçons de Guitarra i Taller» va escarbotar les parets del número 54 i va fondre l'altre rètol del pintor que hi penjava al damunt... la carrosseria socarrimada s'hi va quedar durant setmanes...*

Aquesta nit una noció de pluja busca els piròmans més voluntariosos sota els tendals i els paraigües i en el parc de Joan Miró i una festa de *morcilla* a la brasa i xoriço i cebes i pebrots i tambors de Jamaica i

sota el palau de Montjuïc les famoses fonts s'alcen altre cop i exploten i borbollen i enterboleixen al ritme de McCartney i Rodrigo i Puccini i en el barri de Gràcia l'increment de les bombes de cireres que reboten

per tota la plaça del Sol on un home i una dona ballen una samba en la boirina i en la plaça del Diamant la llum d'un foc suau emmarca l'aram d'una trista Colometa que desbota la seva frisança en un esbart de colomins

despullats / braços estesos i la boca llesta per menjar i proferir l'últim i ombriu crit de llibertat

* *Colometa, heroïna de la novel·la* La plaça del Diamant *de Mercè Rodoreda*
*Amor i pèrdua i la Guerra Civil espanyola*

**#151**

*There's An Urgency . . . In Them*

They're simply holding hands as the bus moves slowly up Aribau but there's an urgency in them & she leans into him & kisses his eyes one by one & they are deliberate kisses & he pulls her closer & the light is up for his stop & she knows he must leave & she looks away but he pulls her close again & pauses at the door & looks back & they wave to each other & he stands in the street & they wave again & the bus pulls away & she still waves & the bus picks up speed & she keeps waving & looks down the deserted street & back & we are past the next corner & still she waves / like a tried swimmer short staccato strokes of her empty hand.

**#151**

***Dins ells... hi ha una urgència***

Només s'agafen de la mà mentre l'autobús puja a poc a poc pel carrer Aribau però hi ha una urgència amb els dos i ella es repenja amb ell i li petoneja els ulls un rere l'altre i són petons intencionats i ell se l'apropa i la llum està encesa per la parada del noi i ella sap que ha de marxar i mira cap a un cantó però ell se l'arramba altre cop i s'atura a la porta i ells s'acomiaden amb la mà i ell està palplantat al carrer i es tornen a acomiadar amb la mà i l'autobús se'n va i ella encara s'acomiada amb la mà i l'autobús agafa velocitat i ella continua acomiadant-se amb la mà i mira els carrers sense ningú i cap enrere i hem passat una cantonada i ella encara s'acomiada amb la mà / com si fos una nedadora entrenada fent braçades curtes en un *staccato* i amb la mà buida.

**#152**

***Summer Sunday: Jardins de Moragas***

A faint breeze / damp & the fresh odor of the sea . . . a woman slips down his pants & holds her chubby little boy behind a bush to pee.

A young priest / his morning paper tucked under his arm takes a seat on a bench in the sun & dons a pair of gold rimmed reading glasses . . .

A male pigeon puffs & struts & scurries after the illusive female who wiggles & waddles & never looks back.

A few teenagers, who usually come during school to smoke & flirt, play cards & one paints her nails an iridescent pink.

A young boy & young girl kick a soccer ball / the girl is especially good at deceiving her less agile boyfriend & makes her goals at will.

A man / pale & unshaven walks slowly & a bit unsteady with a woman who spreads a blanket & eases him down & sits beside him holding his hand.

**#152**

***Diumenges al matí: Jardins de Moragas***

Un delicat oratge / humit i la fresca olor de la mar... una dona li baixa els pantalons i agafa el seu fill grassonet per fer un pipí darrere un matoll.

Un capellà jove / amb el seu diari sota el braç s'asseu en un banc al sol i s'endossa unes ulleres de llegir de fina muntura d'or.

Un colom esbufega i gallega i s'afronta darrere de la coloma que fuig i que cueja i balanceja i mai no mira enrere.

Uns quants adolescents que per regla general vénen durant el temps d'escola per fumar i per coquetejar, jugar a cartes i una es pinta les ungles de color rosa lluminós.

Un noi jove i una noia juguen a pilota / la noia ho fa d'allò més bé a l'hora d'enredar el seu xicot menys àgil i ella li fa els gols que vol.

Un home / pàl·lid i sense afaitar camina a poc a poc i una mica insegur amb una dona que estén una manta i l'ajuda a seure i ella també ho fa al seu costat mentre li agafa la mà.

#153

*Letter To Neil From Tossa de Mar*

Well, Neil, here I am striding up the mountain . . . scaling the Roman parapets past a suspiciously muted Ava Gardner . . . past stack on stack of lavish condos past Sivas' disco bar [closed til midnight] & Dali's whimsical cock which curls like a snail feeding & the beach with its aroma of baking flesh & couples & kids & lovers & single women & men from all the latitudes & longitudes of the planet who've gathered to massage the summer but . . . not quite

like the family of '71 when seekers were on the road & the haven in the mist became your myth & text & you flew like a swallow from these heights to eat your fill & now the memories survive in neon & a weathered flag unfurls at the entrance to the cave as one by one your brothers & sisters fall away their vision faint / their compact breached & the last bring their teenage kids & chaperone them into the night which you bit off knob by knot & chewed or swallowed whole . . . So, adéu &

fins aviat! & today in the early light & one more time I'll swim the bay & dodge the power boats & oil slicks & ferries & yachts & remember Brian's quest* & the danger & intrigue of that time when war was a recent memory & the Guardia lined the roads & their black hats & cloaks defined the hills & borders were best crossed in daylight & still we could drink it down in one quick shot & savor it & swoon & spit in the serpent's eye.

* *A Primary Theme of <u>PERDUT</u> a Novel by Neil Lehrman*

**#153**

***Carta a Neil des de Tossa de Mar***

Molt bé Neil, estic pujant la muntanya… Escalant els parapets romans que passen pel costat d'una sospitosament callada Ava Gardner… Passant per piles i piles de condons passant el bar discoteca de Sivas (que està tancat fins a mitjanit) i la capriciosa polla de Dalí que s'arronsa com un cargol que menja i la platja amb l'aroma de carn rostida i parelles i nens i amants i dones soles i homes d'arreu del planeta que s'han trobat per fer-li un massatge a l'estiu però… no exactament

com la família de l'any 69 quan els que buscaven feien carretera i el paradís en la boira va convertir-se en el seu mite i el text i tu vas fugir com una oreneta des d'aquestes altures per menjar fins afartar-te i ara les memòries sobreviuen en els llums de neó i una bandera gastada que no s'aguanta a l'entrada de la cova com un per un els teus germans i germanes fugen de la teva visió que defalleix / la seva unió amb una bretxa i el darrer que porta els seus fills i els guarda i acompanya dins la nit en la que tu una mica fora de volta i en un nus i mastegat o empassat per complert… Així que, adéu i

fins aviat! i avui a l'albada i una vegada més nedaré per la badia i esquivaré els foraborda i les taques d'oli i els ferris i els vaixells i recordaré el viatge iniciàtic* de Brain i el perill i la intriga d'aquell temps quan la guerra era memòria recent i la Guàrdia farcia els carrers amb els seus barrets negres i els abrics que definien els turons i les fronteres que era millor que les creuessin durant el dia i encara podíem beure amb un sol glop i sabor i sobrecor i escopir en l'ull de la serp.

* *El tema principal de* PERDUT, *una novel·la de Neil Lehrman*

**#154**

*Aribau – July '99*

Tanned in tight blues & spiked heels, she strides from her taxi, shoots a glance at her watch & dashes through eight o'clock traffic to an urgent rendezvous on Aribau . . .

Jaguars & Rovers / Mercedes & Rolls' tool up the grade & west into the hills & homesteads of money lenders, gamblers, sea captains, lawyers & charlatans of every stripe . . .

Ripe from their hustle, they chatter on cell-phones & gesture wildly past my window / A truck driver stops at Madrazo to fill his water bottle & schmooze with the nuns of The Cult Of The Eucharist . . .

Two kids are playing at death with plastic swords while a blind-man shuffles under the awning at O'Brindis & artfully dodges an ill-parked scooter . . . A tour bus from London is stuck between two cars & someone

who's had their Porsche blocked is leaning on the horn . . . The workmen who've been re-paving our sidewalk pack up their levels & hammers & trowels & there's the wail of an Ambulance headed to Clinica del Pilar . . .

It's still light when the traffic slows & Marina, our Portera, sweeps & the last supermarket has closed & a hint of saffron's on the air & the street lamps come up slowly &

a calm settles on dog walkers & young boys smoking . . . a shutter rises in a building across the street . . . light winds – mist – a napping cat.

#154

*Aribau – juliol 1999*

Morena i amb jeans estrets i sabates de taló alt surt del taxi, dispara una mirada al seu rellotge i com una fletxa passa per entremig del trànsit de les vuit de la nit per a una trobada urgent en el carrer Aribau

Jaguars i Rovers / Mercedes i Rolls ben equipats per donar la nota i cap a l'oest cap a les muntanyes cercles de cases per als usurers, jugadors, capitans de vaixell, advocats i xarlatans de qualsevol condecoració

madurs de la seva juguesca la fan petar en telèfons cel·lulars i un gest salvatge que passa per davant de la meva finestra / un conductor de camió s'atura al carrer Madrazo per omplir la seva ampolla d'aigua i garla amb les monges del Culte de l'Eucaristia

Dos nois juguen a la mort amb espases de plàstic mentre un home cec s'arrossega sota l'envelat de O'Brindis i amb traça evita una *scooter* mal aparcada... Un autocar de Londres no pot sortir d'entre dos cotxes i algú

a qui li han bloquejat el seu Porsche es passa amb el clàxon... Els treballadors que han estat tornat a pavimentar la nostra vorera endrecen els nivells i els martells i paletes hi ha un udolar de sirena d'ambulància que va cap a la Clínica del Pilar

Encara és de dia quan el tràfic alenteix i Marina la nostra portera escombra i el darrer supermercat ha tancat i un aroma de safrà és en l'aire i els fanals s'encenen a poc a poc i

una calma s'apodera dels qui surten a passejar el gos i els joves fumen i un finestró s'alça en un edifici a l'altre cantó del carrer... Vents suaus - boirina - un gat que dorm.

**#155**

***Deschamp's Gallery: In The Painting***

a glass of Rioja or sweet Vermouth or possibly Campari rests beside her elbow &

she's lighted a cigarette that trails a soft film of smoke which frames her dusky face in shadow &

she's looking past us over my right shoulder at someone she might know but isn't sure &

her teeth glisten & the highlights in her dark hair & the skin on her cheek all glisten &

she seems about to call out or ask a question or smile but certainly is not ashamed

for whatever she's poised to redeem is unusually pleasing & promises much which has been missing.

**#155**

***Sala Deschamps: en la pintura***

Un got de Rioja o un vermut dolç o possiblement un Campari descansa al costat del colze

ella encén una cigarreta que deixa un rastre de pel·lícula suau i que li emmarca la cara bruna en una ombra i

ella mira per damunt de la meva espatlla dreta cap a algú que potser coneix però no n'està segura i

les seves dents lluentegen i les pampallugues en els cabells negres i la pell en la seva galta tot llampurna i

sembla que va a cridar algú o demanar una preguntar o somriure ja que no té vergonya

del que sigui el que ella està disposada a rescatar serà poc normal i encantador i promet molt més del que no ha tingut.

**#156**

***'Contemporary Visions' – Fundacio Ramon Trias Fargas: Poetry & Jazz***
*For Victor Battallé*

*My mother never cared for poetry & my father, being the lawyer, only wanted evidence or a book which he could show when relatives or neighbors came with their clippings from the news & photographs of actual operations or videos of a cousin in tails & white tie before the once supreme court . . .*

Victor has designed a performance. There will be jazz & poems from Catalunya & The United States & it will be held in Guell's Palace on Gaudi's roof & it will be as naked lovers

luxuriant & unabashed & . . . Wait!

There will be Council Generals & politicians & editors & publishers & wine & when the lights rise after the second half there will be a rush to judge too like lovers

who bathe alone & part on the stairs & . . .Wait!

I will know . . .

———

Poems. Yes! & Jazz from Roda de Saxos & the audience wrestles with our language & survives & so do we leaning on each other's words

in the heat & glare of the setting sun . . . & Ernest invites Sergi & Mereia & each syllable cracks perfectly . . . like a shell . . . giving up the fruit &

Mar 'of the prized-blue eyes' bids us 'Benvinguts!' & Marc, her lover, reads

the American's . . . & each is distinct & each is un-compromised & each is unmistakably proud!

**#156**

***Fundació Ramon Trias Fargas. Visions Contemporànies: Poesia & Jazz***
*Per a Víctor Batallé*

*La meva mare mai no va preocupar-se per la poesia i el meu pare que era advocat, només volia l'evidencia o un llibre que ell pogués ensenyar a la família o els veïns que vinguessin amb els seus retalls de diari i fotografies de coses actuals o vídeos d'un cosí amb vestit de casament i corbatí blanc abans que per una vegada la cort suprema...*

Víctor ha dissenyat un acte. Hi haurà jazz i poemes de Catalunya i dels Estats Units i passarà al terrat del Palau Güell de Gaudí i serà com si amants sense roba

exuberants i frescos i... Espera!

Hi haurà consellers i polítics i editors i editorials i vi i quan els llums s'encenguin després de la segona part hi haurà pressa per judicar també com els amants

que es banyen plegats i s'acomiaden en l'escala i... Espera !

jo sabré...

———

Poemes. Sí! Jazz per part de Roda de Saxos i el públic lluita amb el nostre llenguatge i sobreviu i així aprenem de les nostres paraules

en la calor i el resol de la vesprada... i Ernest convida a Sergi i Mireia i cada síl·laba s'obre perfectament... com una petxina... que dóna el fruit i

Mar «la dels preuats ulls blaus» ens ofereix «Benvinguts!» i Marc el seu amant llegeix

la poesia de l'americà... i cadascú és diferent i cadascú és un no està compromès i cadascú està sens dubte orgullós!

## #157

### *Casa Fernandez: Santalo 46*

*Is it that your eyes never fixed on mine . . . until the end?*
*Is it that you only kissed me once & then it was too late?*

*Isn't it . . .*

Someone hands me an envelope with your picture & I'm joined to a chorus of tap-dancing queens at a costume ball . . . it's Hollywood 1975 &

he lights a cigar & her eyes are tired but she sips her wine & the others look away & he locks his arms &

she's intent on knowing & a blind dog's snatched her purse & runs out the door &

there's John & he's waving from the back of the bus & I'm yelling over the din, "John . . . hey, John!" &

*I'm a little drunk* . . . "John . . . I'm drunk on wine & good food & fancy meeting you . . . here . . . & . . . did you see . . . did you see . . ." &

she wipes her lips & he asks for the check & I pay mine & knock back the last & they'll settle up & go & I . . .

*would you . . . if you could . . . is that what you meant when you whispered in my ear . . . is that what you would . . . is that . . . is that what you would . . .if we could . . .*

### #157

### *Casa Fernández: Santaló, 46*

*Va ser que els teus ulls mai no es van fixar amb els meus fins el final?*
*Va ser que tu em vas besar una vegada i que ja era massa tard?*

*Oi que sí…*

Algú em dóna un sobre amb una foto teva i ara se m'afegeix un corro d'homes ballarins de claqué disfressats… passa a Hollywood 1975 i

ell encén una cigarreta i els teus ulls estan cansats però beus el vi a glops i altres miren cap un altre cantó i ell es tanca de braços i

ella continua volent saber i un gos cec li arrabassa la bossa i surt corrents per la porta i

hi ha en John i ens saluda des del darrere de l'autobús i jo escridasso per damunt del brogit «John … eh, John i

estic una mica ebri… John … Estic ebri de vi i bon menjar i mira també de trobar-te… aquí… i vas veure…… i vas veure…» i

ella s'eixuga els llavis i demana la nota i paga la meva i escura el darrer got i ells s'ha acomoden i marxen i jo

*...Podries… Si poguessis… És això el que vols dir quan em xiuxiueges a cau d'orella… És això el que vols… És això el que voldries… Si poguessis…*

**#158**

## *Three Exhibits: Prague / Odradek * / Fellow Travelers*

*Prague: The city of K / Centre de Cultura Contemporania de Barcelona*
*Jeff Wahl: Odredek / pavello mies van der rohe*
*Maria Epes: Fellow Travelers / serrahima galeria d'art*

In the valley of the Eltava, Kafka skulked about his house scouting the creatures of the night & those who never left & in a quiet corner of that family home his Odradek was poised to finish what it had begun & it gathered the dust & threads & scrapes & stitched & stitched & in time would blend the whole while he stalked his precious Prague & death stalked him & sucked his breath & choked him dead . . .

These are the black & blue bones of our relatives . . . babies swaddled in yarn & stacked in rows & the big casket is left empty & waiting & the skeletons dance or embrace or mock & next we come to bodies riddled with shots from her thirty-eight each stained with menstrual blood & framed & each a warning or a relic or a memory: "Don't come too close . . . Not to mine you don't . . . Remember me . . . ?!"

* *See: Franz Kafka / The Cares of a Family Man*

### #158

### *Tres exposicions: Praga / Odradek * / Companys de viatge*

*Praga: La ciutat de K / Museu d'Història de la Ciutat*
*Jeff Wahl: Odredek / Pavelló Mies van der Rohe*
*Maria Epes: Companys de viatge / Serrahima galeria d'art*

En la vall d'Eltava es va trencar la closa per casa seva observant les criatures de la nit i aquella que mai no se'n van i en un racó tranquil d'aquella casa familiar el seu Odradek estava disposat a acabar el que havia encetat i recollia la pols i fils i deixalles i cosia i cosia i en el temps podria haver barrejat el tot mentre Franz clavava una estaca a la seva bonica Praga i la mort li clavava una estaca a ell i li xuclava el seu alè i l'ofegava fins a la mort...

Aquesta són els ossos blaus i negres de la família... Nadons embolcallats en fil i posats en fila i la gran arca està buida i espera i els esquelets ballen o abracen o se'n riuen i desprès arribem als cossos cosits per les bales d'una pistola de 38 mm cada taca amb la seva sang menstrual i emmarcat i cada advertiment o una relíquia o un record: No t'apropis tant... No a mi... Te'n recordes de mi...?!

* *Veure: Franz Kafka / Les cuites d'un home de família*

#159

*Origins: Barcino / Barcelona*
*Museu d'Historia de la Ciutat*

*By 13 BC Roman 'settlers' gathered grapes from Laietania & pressed & fermented & shipped the best wine home & Barcino flourished & the wealthy were feted & armed & they made a fortress with walls & armaments & ships to compete with Genoa & Venice & . . .*

---

'. . . I've come to the edge of the city to see the graves of the conquerors & noted dates & families & I've walked the walls & I've seen the broken faces of their men & women . . .'

---

From the catwalk a hint of commerce & hygiene & prayer: stones rubbed round . . . viaducts & earthen pots collapsed & cracked . . .
insinuation of a human hand.

Time & History: a construction . . . of memory . . . of myth . . . of dream.

To have been there / gathered at the baths after a long day beating the cloth or at sea or bartering on the docks . . .

a favorite wine in one hand / an oak cluster in the other . . . better to raise the lather from the bowl . . .

There might be a meal of seared Ostrich with figs for the Captain of the Guard or dried fish cakes for the priests &

an array of plums & cheeses & roasted eggs or a fresh trapped rabbit & snails & wild chantrelles . . . & more wine from The Plantations &

a messenger might bear greetings from The Emperor & gold would be exchanged for gifts & Barcino,

compact & muscular in youth, rewards both citizens & guests . . . remains lithe & lean these last 2000 years.

## #159

## *Orígens: Barcino / Barcelona. Museu d'Història de la Ciutat Centre de Cultura Contemporània de Barcelona*

*En l'any 13 abans de Crist els colonitzadors recollien raïm de la Laietana i el premsaven i el fermentaven i enviaven el millor vi a casa i Barcino va prosperar i els rics van ser festejats i armats i van fer una fortalesa amb murs i armaments i vaixells per competir amb Gènova i Venècia i....*

---

«. . .He vingut fins al límit de la ciutat per veure les fosses dels conqueridors i vaig anotar les dates i famílies i he caminat per les muralles i he vist les cares trencades dels homes i les dones. . .»

---

Des de la passarel·la una indicació de comerç i d'higiene i pregàries: pedres rodones... viaductes i olles de terra trencades i esquerdades... insinuació de la mà humana.

Temps i Història: una construcció... de memòria... de mite... de somni.

Per haver estat allí / al voltant dels banys després d'un llarg dia baten la roba o a la mar o bescanvien en els molls...

Un vi preferit en una mà / un penjoll de roure en l'altra... millor que pugi l'escuma de bol...

Potser hi haurà un àpat d'estruços fogonajats amb figues per al Capità de la Guàrdia i pastissos fets de peix fumat per als sacerdots i

un mant de prunes i formatge i ous rostits i un conill acabat d'atrapar i cargols i *chantrelles* salvatges... i més vi de Les Plantacions i

un missatger pot portar vist-i-plaus de l'Emperador i or que es podria canviar per regles i Barcino

jove i compacte i muscular, recompensa a ciutadans i convidats... es guarda esvelta i ferma aquests darrers 2000 anys.

**# 160**

***@ José Louis***
*For Marvin Botwin*

*An elderly man with a scruffy white beard is eating shrimp & precisely & with just a hint of flourish, spears one on the tines of his fork, pauses for a dab of fresh alioli & caries the delicate morsel carefully to his lips . . .*

———

I've ordered café solo & an arujo from Galicia / the best I've tried. You'd like it / dry & hot like grappa but a touch sweeter & more aromatic. They feature twenty single-malts & some well-aged blends as well . . . not that

extensive menu we savored that long afternoon in Madrid in '71 but well served on white linen & silver . . . fresh shellfish & breads & sausage from the four corners & when I'm flush, I'll sample their Beluga &

paté de pato with plum jam to mark that time & of course, their very best Cava de Penedes! . . . There's a rather droll looking woman with dark, deep-set eyes seated at a table across from mine with two men she seems

to loath . . . she's on her fourth Johnny Black 25 & another, older & far more animated (she coyly wrinkles her nose with every grin) & a friend nibbling smoked salmon tapas & sipping their way through a bottle of

Vina Valoria '94 / my favorite white Rioja . . . on your last critical trip to the hospital, we remembered your birthday with a card from this same José Louis & tonight, sipping liquor under the stars, I'm reminded of days

past & that Spanish toast: *Salud, dinero y amor y tiempo para gastarlos!"* "Health, money & love & time to spend them!" . . . & so, I say, 'good health' to you, old friend & a steady course . . . Bona Salut y Bona Nit!

**# 160**

### *A José Luis*

*Per a Marvin Botwin*

*Un home gran amb una barba blanca desendreçada està menjant gambes i precisament i només amb una indicació d'esgrima, en deixa una en una pua de la forquilla, s'atura per una untada del recent fet allioli i es porta el delicat bocí fins als llavis...*

———

He demanat un cafè i un aiguardent de Galícia / el millor que he provat. A tu t'agradaria / sec i calent com la *grappa* però un toc més dolç i més aromàtic. Ells fan vint qualitats d'ordi i alguns d'ells ben envellits i mescla... no pas aquell

menú extens que vam assaborir a Madrid aquella tarda llarga l'any 1971 tot i que molt ben servit en tovalles de lli blanc i plata... marisc fresc i pans i embotits dels quatre cantons i quan em sento fatxenda demanaré un tast del seu caviar de Belluga i

*foie-gras* d'ànec amb el millor pernil per remarcar el temps i és clar el seu millor cava del Penedès!... Hi ha una dona una mica rara amb ulls negres enfonsats a les conques que seu en una taula davant de la meva i dos homes i que sembla que

els menysté... ella va pel quart Johnny Black 25 i una altra dona més gran i molt més animada (arruga el nas amb gràcia cada vegada que fa una ganyota) i un amic pica tapes de salmó i va fent glops a una ampolla de

Viña Valoria del 94 / el meu Rioja blanc preferit... en el teu darrer viatge crític a l'hospital vam recordar el teu aniversari amb una postal d'aquest mateix José Luis i avui fent glops de licor sota les estrelles me'n recordo de dies passats

i del brindis castellà: «*Salud, dinero y amor y tiempo para gastarlos!*» «Salut, diners i amor i temps per fer-los servir»... I així que dic: salut per a tu vell amic i que el camí et sigui planer... Bona salut i bona nit!

**#161**

***& Why Now?***

***Waiting to be paid:***
*She stands in line all day & at the last minute is refused her check ["No one to sign," they say] & you, you have the same story . . . & . . ."If we complain, we'll wait longer & if we won't work they'll revoke our permits & . . ."*

***four men:***

The man in midnight-blue is of the 'thirty-five families,' drives a new Mercedes sedan, drinks Twenty-year-old Kentucky bourbon, loves his wife & children, lunches at Windsor & Roig Robi & *

The man in a gray Armani is younger & swaggers slightly as he summons his Rover for the quick ride up Diagonal to Tuset & a rendezvous at Reno Paradis where he will be secreted in a private room & *

The third wears a stylish goatee & dresses in white & plays tennis all morning with his daughters & jogs with his sons & flies with his wife to New York & Istanbul & Paris & lunches on the terrace & *

The fourth is the oldest & walks with a cane – a wound from the war – & wears his Catalan flag proudly on his lapel . . . but he too is caught up in his name & dines with senators at his club & *

* will not be available today but possibly next week.

**#161**

***I, ara per què?***

***Esperar per a cobrar***
*Ella fa cua tot el dia i a l'últim minut li neguen el seu xec («No hi ha ningú per firmar» diuen) i tu pots explicar la mateixa història... i... Si ens queixem, ens fan esperar més estona i si no volem treballar en negaran els permisos i...*

## *Quatre homes*

L'home de blau fosc és d'una de les «trenta-cinc famílies» i condueix un nou Mercedes gran turisme, beu *bourbon* de Kentucky de vint anys, estima la seva dona i els fills i dina al Windsor i al Roig Robi i*

L'home és un Armani gris i jove i fanfarroneja una mica quan demana al seu Rover per una pujada ràpida per la Diagonal fins a Tuset i una trobada al Reno Paradís que el portaran en secret fins un menjador privat i*

El tercer porta una pera estilitzada i vesteix de blanc i juga al tennis cada matí amb les seves filles i corre amb els seus fills i vola amb la seva dona a Nova York i Istanbul i París i dina a la terrassa i*

El quart és el més gran i camina amb un bastó -una ferida de guerra- i porta amb orgull una senyera petita a la solapa... però ell també ha estat compromès amb el seu cognom i dina amb senadors en el seu club i*

* no estarà disponible avui, però possiblement la setmana vinent

#162

### *The Adventures of Roger De Flor & Other Barbarous Acts*

*Barcelona's City Hall urges guests to ogle & leer & feast on its burnished wood & tapestries & brass & stone & marble relics . . . & in the Hall of Chronicles we find dramatic evidence of the fury of that celebrated rascal Roger de Flor & his Almogavares . . . If the truth be known, that 'Knight Templar,' Roger de Flor was bandit / pirate / mercenary / thug & his Almogavares, his 'Grand Catalan Company,' an equally messy lot . . .After the Saracens took Palestine, he & his sixty-five hundred hooligans hired-out to Andronicus II & slaughtered Turks for a quick buck, two hots & a cot! But the story doesn't end there . . . Roger tries for a piece of the action & turns his boys loose on the Bysantines & Turks alike & Andy doesn't like that one bit so, his son & co-emperor, Michael, axes Ol' Rog but his Catalans are outraged & slaughter & pillage & burn & rape all over the hills of Thrace before moving on to Macedonia & other 'climes.'*

Tough & leathered from years at sea, he took down men twice his age, could crack a neck or spine with equal ease & knew the power of wealth & titles having none . . . &

dead at twenty-five with a knife in the back [so they say] & after having done a bloody job . . . well!

There's a quiet, tree-lined street that bears his name & one would think him 'grand' in the manner of heroes of his day & maybe a bit pensive & introspective . . .

rare in 1305 when all you had were your wits & a plan to save your neck – which sometimes failed.

## #162

### *Les aventures de Roger de Flor i altres actes barbàrics*

*L'Ajuntament de Barcelona demana als convidats que tafanegin i que envegin i que festegin per les fustes brunyides i els tapissos i els llautons i la pedra i les relíquies de marbre... i en la sala de Cròniques ens trobem l'evidencia dramàtica d'aquell espavilat Roger de Flor i els seus Almogàvers... Si la veritat ha de ser coneguda, aquell rei templer Roger de Flor va ser un bandit / pirata / mercenari / perdonavides i els seus Almogàvers i a la seva Companyia Gran Catalana tots plegats un desori... sense que res funciones després que els sarraraïns conquerissin Palestina ell i sis-cents cinquanta brètols llogats a Andronicus II i van botzinar turcs per una misèria, dos de calents i peix al cove! Però la història no s'acaba aquí... Roger mira de trobar on és el marro i deixar anar els seus homes contra els bizantins i els turcs també i a l'Andy això no li agrada gens, el seu fill i també emperador Miquel decapita el vell guerrer tot i que els seus catalans estan encesos i fan una carnisseria i saquegen i cremen i violen per tots els llogarets de Tharce abans d'anar a Macedònia i altres llocs on bufi millor el vent.*

Dur i arrugat dels anys passats a mar, el podia batre a homes que li doblaven l'edat i podia trencar un coll o una espinada amb total facilitat i sabia el poder de la riquesa i de títols nobiliaris cap... i

mort als vint-i-cinc anys amb un punyal a l'esquena (així es diu) i després d'haver fet una feinada diabòlica... bé!

Hi ha un carrer tranquil que porta el seu nom i un podria pensar amb ell com un dels «grans» de la forma en la qual en els seus temps es feien herois i potser una mica pensívol i tancat...

estrany pels anys mil tres-cents cinc tots vostès tenien seny i un pla per salvar la pell... que sovint fallava.

# # 163

## *Mothers & Sons*

*She's a small woman who gestures vigorously & talks rapidly & wants him to know where she's been & the excitement of that time & how it will be this time & what they will see & he listens & tries to hold his eyes on hers & she occasionally hugs him & kisses his cheek & tells him how good it is after all these years & he responds with dinners & chocolate & tickets to a ballet & trips to the mountains & they walk arm in arm: 'comrades on the day' . . .*

I've seen her before. Usually alone. But today . . . today, something is different . . . today, her hair has red highlights & she wears a new summer dress & today, she has her son on her arm &

he's careful to guide her down the museum walk & up the steps to the train to Tarragona & to the bus on Montjuic & up the hill to Montserrat & he orders the proper wine & insists he pay &

all this after a dark turn in the road & the distinct sound of shredded metal & an eerie silence that lasted months & she waited at the end no matter how long it took & now they walk arm in arm . . .

## # 163

### *Mares i fills*

*Ella és una dona menuda i que gesticula amb energia i parla molt de pressa i li vol explicar on ha estat i l'excitació d'aquella vegada i com serà aquesta propera i què veuran i ell escolta i mira d'aguantar-li la mirada i ella de tant en tant l'abraçada i li fa petons a la galta i li explica que bé que van les coses malgrat tots aquests anys i ell li contesta amb sopars i xocolata i entrades per a un ballet i viatges a les muntanyes i ells caminen agafats del bracet: «companys per a un dia»...*

A ella l'he vist abans. Sovint sola. Però avui... avui, alguna cosa és diferent... avui, els cabells tenen espurnes de vermell i ella porta un vestit nou d'estiu i avui també porta al seu fill de bracet i

ell té cura en baixar les escales del museu i pujar les escales del tren a Tarragona i l'autobús que puja a Montjuïc i cap amunt de la muntanya de Montserrat i ella demana el vi que toca i insisteix a pagar i

després de tot això un revolt fosc a la carretera i el soroll clar del metall en esquinçar-se i un silenci estrany que va durar mesos i ella es va esperar a l'altre cantó sense importar-li quan va durar i ara ells tornen a caminar de bracet.

**#164**

*Montserrat . . . La Moreneta: our lady of montserrat*

At her Basilica the lines of pilgrims inching toward her glass-cased throne are long & the time spent in her presence brief but in the grotto Santa Cova she is accessible & surrounded by flowers & gifts galore:

a karate trophy from Taiwan, a sky-blue candle shaped like teddy-bear, her wedding gown of organdy & lace, his red & yellow cycle helmet, her flowered silk & balsa fan, ballet shoes, a Wilson basketball, a kid's heart –

shaped silver locket, a hockey stick, a tire from a racing bike, an off-white plastic arm, a license from a busted truck, a doll with golden curls . . .
these & more & the walk is rutted & steep & still they come by twos &

threes with back-packs & baby carriages & babies & mothers-in-law & grandmothers in wheel-chairs & grandfathers mounting the grade one
cane-length at a time / they come from across the globe to see &

hear again the story of this finely carved & polished black mother of their Christ as she was unearthed in 880 in this very cave left we imagine by a pious hermit of that time talented with tools &

committed to her power / her protection & too . . . her preservation.

**#164**

***Montserrat . . . La Moreneta: nostra senyora de Montserrat***

A la seva basílica les cues dels pelegrins van a poc a poc cap el tron tancat en una cúpula de vidre són llargues i el temps passat amb ella és curt però en la Santa Gruta ella és accessible i està rodejada de flors i grapats de regals:

un trofeu de karate de Taiwan, una espelma blau cel en la forma d'un osset, el vestit de casament d'organdí i enllaçat, el casc de bicicleta groc, les flors de seda, el ventall de balsa, les sabates de ballet, una pilota de bàsquet de la marca Wilson, al cor d'un nen -

en forma de medalló, un bastó d'hoquei, un pneumàtic d'una bicicleta de carreres, un braç ortopèdic de color blanc trencat, un permís d'un camió multat, una nina amb rínxols rossos... Aquesta i més i la caminada està plena de bonys i fa pujada i encara arriben per parelles i

de tres en tres amb motxilles i cotxes de nadons i bebès i sogres i àvies en cadires de rodes i pares i avis que pugen pel primer grau en fila índia / vénen d'arreu del món per veure i per

escoltar altre cop la història d'aquesta mare negra del seu nen Jesús tan ben esculpida i polida tal com va ser trobada en l'any vuit-cents vuitanta en aquesta mateixa cova nosaltres ens imaginem com un ermità piadós i amb talent i les eines d'aquells temps

les va dedicar al seu poder / a la seva protecció i també... a la seva preservació.

#165

*September & How . . .*

They've torn up Diagonal to plant their fiber-optic cable . . . ready for the business of September . . . But, they're a bit late & now

how many citizens are trapped & waiting in hot Toyotas & . . . how many in taxis with the meter running &

how will the now steady rain & thunder urge on the worker in the ditch up to his knees in mud &

how will cement too wet to set & . . . *"how"* & *"when,"* they call from their drifting ships, & *"how. . ."* & . . . I watch all this

high in the bus & see her as she seems to drift off with her head in his lap as he fiddles with his gears & the smoker

whose camper oozes a fierce breath like the last gasp of Sant Jordi's dragon & as we approach Paseo de Gracia,

where traffic scatters in ten directions, a maroon Jaguar has jammed itself into the tail of a truck &

two cops huddle under a tarp as their signals erupt in a torrent of flashing & sirens blare & horns &

the rain sweeps the gutters down to the plaza & a lone skate-boarder spins away & twirls & tosses

rooster-tails & the sludge of summer in his wake.

**#165**

***Setembre i com***

Han obert la Diagonal per a plantar-hi cable de fibra òptica... tot a punt per al negoci el setembre... Tot i que van una mica tard i ara

quants ciutadans estan atrapats i esperen en Toyotes rescalfats... Quants d'ells dins de taxis amb el taxímetre que encara funciona

quanta urgència li portarà al treballador que està fins els genolls en la rasa quan la pluja cau contínuament i trona i

el ciment està encara humit per fixar-se... «com» i «quan» demanen des dels seus vaixells a la deriva i «com» i

ho miro tot des de dalt un autobús i sembla que el vehicle se'n vagi del davant com si portés el cap a la panxa mentre ell juga amb la capsa de canvis

el remolc d'un fumador deixa anar fums tan ferotges que semblen el darrer alè del drac de Sant Jordi i en el passeig de Gràcia

on el tràfic s'escampa en deu direccions un jaguar de color marró s'encastat a la cua d'un camió i

dos policies s'estrenyen sota un cobert al mateix moment que els llums esclaten en un torrent de llampecs i les sirenes bramen i les botzines

la pluja escombra la claveguera avall de la plaça i un practicant de *skate-board* giravolta i gira i llença

figures en forma de cues de gall i el llor de l'estiu és en el seu solc.

**#166**

***Treasures of The Tervuren Museum: 'Masterpieces From Central Africa' Fundacio Caixa Catalunya – An Exhibition***

*Teeth & Bone & Skin . . . painted & pierced & scarred . . . the living & the dead / dignified by ritual & sacrifice . . .*

*No one comes between the priest & his mask . . . the king & his scepter . . .*

Each rite of passage – another realm of discourse & Each – a desire as elemental as blood . . . as elemental as . . . transcendence.

So mark this!

One will wear a spirit mask of horns & padlocks & glass & another the glowering mask of the leopard & the mask of a demon lover or ancestor

lost or found & they will dance & the chief will hold court & the sorcerer will drive nails into the body of the Nkondi & his spirit will be released &

no evil will dare come within this light & young boys will be borne into the lodge of the men & their foreskin cut & their manhood released &

outside & all through the village the thick-cheeked & somber-eyed Kakuungu masks appear & peace & safety falls to the initiates & . . .

& when it is their time, the young girls are borne into the women's lodge to be bathed & dressed & painted with red ochre & oil & . . .

So, listen now . . . &

in the bush & among the stones you'll hear a gnashing & a raging & a roar of spirits clashing &

the tribe will converge & drums & chanting into the night & the shaman will lay teeth & horns & the skin of a cheetah

on his spirit-doll & the feud will pass & his Nkisi will be hidden away for that time & the new day will break calmly & a feast prepared &

that will be the last word of that until the next . . .

**#166**

***Fundació Caixa Catalunya: una exposició***
***Tresors del museu de Tervuren: «Peces mestres d'Àfrica central».***

*Dents i os i pell ... pintats i perforats i amb cicatrius... els morts i els vius / dignificats pel ritual i el sacrifici...*

*Ningú no s'interposa entre el sacerdot i la màscara... el rei i el seu ceptre...*

Cada ritual de trànsit -un altre regne del discurs i Cada- un desig tan elemental com la sang... tan elemental com... transcendència.

Apunteu això!

Un portarà una màscara d'esperit del banyam i cadenats i vidre i un altre portarà una màscara lluent de lleopard i la màscara d'un amant del dimoni o d'un avantpassat

perdut o trobat i ells ballaran i el cap convocarà la cort i el bruixot clavarà agulles en el cos de Nkondi i el seu esperit s'alliberarà i

cap dimoni no gosarà entrar en el seu arc de llum i nadons mascles naixeran en l'habitacle dels homes i tallaran el seu prepuci i la seva homenia serà alliberada i

fora i a través del cabanyar les màscares amb quadres forts i apareix la màscara de Kakuungu d'ulls ombrius i pau i la protecció recau sobre els iniciats

i quan arriba el seu temps, les noies joves renaixen a l'allotjament de les dones i han de ser banyades i vestides i pintades amb ocre vermell i oli i

doncs ara escolta... i

en el brossegar i entre aquestes pedres podràs escoltar un esgarip i una vesània i un bram dels esperits que s'enfronten i

la tribu es congregarà i els tambors i els cants fins ben entrada la nit i el xaman estendrà ullals i banyam i la pell d'un guepard

en el seu esperit de ninot i el regne passarà i el seus Nkisi s'amagaran per aquest temps i el nou dia es trencarà amb calma i la festa es prepararà i

aquesta serà la darrera paraula sobre tot això fins la propera...

**#167**

***Garden of Love: Erotic Art From European Collections***
***Palau de la Virreina – An Exhibition***

*Unwisely attempted in the company of disinterested strangers, a walk through this Garden of Eros proves too hot & complicated this Saturday afternoon to say nothing of the evening to follow or the next day for that matter . . .*

Like an arched finger waggled at the naughty boy a big prick rises from the banana peel & leads us up the stairs to the Mandarin who with one hand coaxes apart the glistening lips of his lover's vagina while the other guides his cock . . . & to the satyrs who goad their eager dicks to penetrate these chubby nymphs who smile & so willingly oblige . . . & the video of a naked woman masturbating – fingers splayed across her glossy crease & the young girls tonguing & titillating each other's cunt on screen in black & white . . . & the grinning whore who bends over a chair to give the photographer's lens an unobstructed shot of her twat . . . & the endless, it seems, array of genitalia joined to genitalia & mouths & anus' stuffed with objects living & not & a comic dalliance with Popeye & Captain Marvel & Wonder Woman bound to a manage-a-trois & the close-up of a woman pissing into a man's mouth & on & on for four hundred images until this (not so secret) swelling & throbbing is all this body can abide alone & time is up & the Ramblas beckons & a chance for a brandy & coffee comes instead . . .

**#167**

## *Jardí d'Eros: art eròtic en col·leccions europees*
## *Palau de la Virreina: Centre Cultural Tecla Sala – Una exposició*

*En companyia d'uns desinteressats estrangers hem intentat sense pensar-hi gaire un passeig pel Jardí d'Eros que ha acabat com una gesta massa calenta i complicada per aquest dissabte sense esmentar la tarda que segueix ni el proper dia…*

Com el dit arcat que es bellugueja davant el nas d'un noi entremaliat la majúscula titola s'alça des de dins una pell de plàtan i senyala cap amunt de les escales cap al Mandarin que amb una mà ajuda a separar els llavis que llampurnegen de la vagina de la seva amant mentre amb l'altre ajuda a entrar la seva titola … i cap dels sàtirs que exciten les seves titoles disposades a penetrar aquestes nimfes refetones que somriuen i es mostren molt disposades a rebre… i el vídeo d'una dona despullada masturbant-se els dits ben separats i per davant del seu plec brillant i les noies joves donant-se la llengua i excitant-se el cony d'una i de l'altra en una pantalla de blanc i negre… i la puta que mig somriu i que s'ajup per damunt d'una cadira i dóna així al fotògraf una posa sense interferències del seu cony i sense fi, sembla que hi ha un gran aparell de genitals que s'ajunta amb els genitals i les boques i els orificis de l'anus farcits amb objectes que estan vius i no i una diversió còmica amb Popeye i el Capità Marvel i Wonder Woman lligats amb un *menage à trois* i el primer pla d'una dona que es pixa en la boca d'un home i continua i continua amb quatre-centes imatges fins aquesta (no molt secreta) d'una inflor i d'un batec que és de tot el que el cos es pot conformar tot sol i el temps s'acaba i les Rambles em fan senyals i una oportunitat per un conyac i un cafè apareix en comptes de…

**#168**

***Two Drunks***

The big one with the bloody eye belts the little one who runs away but the big one chases him waving his half empty bottle of cheap red wine & drags him back by the scruff of his neck like a chicken to be plucked & the little guy tries to sit quietly but the big one keeps railing at him & swatting his head for emphasis & someone goes for the cops who are in the station at the side of the plaza but they refuse to join in & merely watch from their little window & someone else tries to separate the two but the big one yells & spits & takes a swing at him & falls in the street where he belches & farts & when he can stand he digs out his limp dick from his stained jeans & tries to spray the crowd but instead pisses a short thin stream mostly down his leg & when he sees his partner has disappeared he starts off too with his open pants screaming at the top of his voice that we are all ass-holes & sons-of-bitches *& no doubt some of us are* & other choice Catalan insults which I cannot understand but some do & applaud & cheer & he turns & flicks his tongue & a dog barks at his heels & he tries to run but keeps tripping over his trouser cuffs & falls again & sits in his own dim light & stares off down the street & hangs his head & weeps.

***#168***

***Dos homes ebris***

L'home gran amb l'ull sagnant esbatussa a l'home petit que fuig tot i que el gran el persegueix mentre agita una ampolla mig buida d'un vi negre barat i l'arrossega pel clatell com si fos una gallina a punt de ser plomada i l'home petit mira de seure sense moure's però l'home gran continua donant cops de barra i esclafant-li el cap per accentuar el que diu
i algú va a buscar la policia que estan en la comissaria de l'altre cantó de la plaça però ell es neguen a afegir-se a la festa i s'ho miren des de la petita finestra i algú intenta separar-los però l'home gran crida i escup i li vol donar un cop de puny però cau al mig del carrer i fa un rot i es tira un pet i es pixa tot volent mullar a la colla de gent que s'ho mira però no els arriba i acaba amb un riuet cama avall i quan veu que el seu soci ha desaparegut ell també se'n va amb els seus pantalons sense cordar i bramant tan fort com pot dient que tots són uns donats pel cul i uns fills del puta i no tinc cap dubte que alguns de nosaltres ho som i altre cop una mostra d'insults en català que jo no puc entendre però algú sí, perquè aplaudeixen i l'encoratgen i ell es tomba i ensenya la llengua i un gos li borda als peus i intenta fugir corrents però no para d'entrebancar-se amb els camals i torna a caure i seu damunt la seva pròpia i poca llum i es mira el carrer i deixa caure el cap i somica.

**#169**

***Miguel Rio Branco: Slide-Montage – Fundacio "la caixa"–An Exhibition***

***Between the Eyes, the Desert . . .***

It's cold in the dark & his eyes peer out from their bag of skin & the cactus comes over them & the river & waterfalls & dry leaves & petals & her eyes emerge like victim's eyes: bloodshot & crawling with ants & a mountain rises on the left & spills over the head of a lizard & a whale pierces the sky & into the sun & his eyes scramble over sticks in the sand & a toad breathing & a valley gray as slate & eyes of kid's & hooded eyes & a centipede & a buzzard & a petrified tree & a snail & smoke . . .

***#169***

***Fundació "la Caixa". Miguel Río Branco: muntatge de diapositives – Una exposició***

***Entre els ulls, el desert***

Fa fred a l'hora foscant i els ulls li surten de la bossa de pell i el cactus passa per sobre d'ell i el riu i les cascades i les fulles seques i els pètals i els ulls sorgeixen com ulls de víctima: ulls sanguinolents i arrossegant-se amb les formigues i una muntanya s'alça cap a l'esquerra i desborda el cap d'un llangardaix i una balena perfora el cel i dins el sol i els seus ulls remenen per damunt d'estaques en la sorra i una granota que respira i la vall grisa com la pissarra i els ulls d'un nen i els ulls tapats i un centcames i un aligot i un arbre petrificat i un cargol i fum…

**#170**

***La Mercé #2 . . . 1999***

The giants have been safely stashed & the Big Heads & tumblers & horses all gone for the night & now the bands & dancers & those who watch & soon you'll come to the night of cannon & bombs & the sky will be lit & the drummers will march in a shower of sparks & soot & the devil-masked bearers of fire will charge the crowd & send out dragons & lizards & an army of flares to drive us ahead & we find ourselves up an alley where an open door invites us in & someone pops a cork & we're safe with a glass of cava & only one scar along a thigh & a head full of stars.

***#170***

*La Mercè #2 . . . 1999*

Els gegants estan ben guardats i els capgrossos i els malabaristes i els cavalls tots han marxat per aquesta nit i ara les bandes de música i els ballarins i aquells que miren i aviat vindrà la nit del canó i les bombes i el cel estarà ple de llumetes i els timbalers marxaran sota una pluja d'espurnes i sutge i els diables emmascarats de foc es llençaran contra la gentada i enviaran els dracs i els llangardaixos i un exèrcit de flames ens conduirà endavant i ens trobarem en un carreró on una porta oberta ens convidarà a entrar i algú obre una ampolla i ens trobem sans i estalvis amb una copa de cava i només una ferida a la cuixa i el cap ple d'estels.

**#171**

***Johan van der Keuken*** ***Body & City*** ***– Photographs***
***Centre de Cultura Contemporania de Barcelona – An Exhibition***

***La Paz [Bolivia]:***

Down from the mountains in bowler hats the women & men their wares tied to their bodies: bankets & beds & birds &
flowers & eggs & pots &

under a truck the leg of a goat & a mannequin in sequins & two boys running & every wall a mirror & a gold tooth gleams & a beggar &
the camera pans

his hat by his side – a deserted road / around him the cracked concrete where the crowd has passed by & a tire & a dog
sniffing his bent neck.

***Sarejevo:***

her face riddled with holes & her back bent to rake & hoe the gravel to plant the gunfire & harvest the pocked walls / where her children run &

shuttle their wood & water & flour & oil & one by one they disappear
in basements & cupboards & closets – in short bursts – legs churning

the hunted crisscross the square – pop-pop-pop – like rabbits they bound & scurry like mice & when they fall . . . & when they fall . . . & when they

fall . . .

***New York: 42nd Street & 8th Avenue***

Each shuttered window's a brightly lacquered backdrop to a parade or game of musical chairs where the players must move on & the red panel frames a curious boy who flirts & eats his Big Mac with relish & against the blue panel a shopper with kids in a cart & men who scour the ground & green has no time for a glance or a smoke or a chat & yellow is always somewhere else & a small girl giggles from her buggy & the laggards saunter & strut & some march in place & the tempo rises & the tempo falls & the city will not wait & the band . . . plays on.

***#171***

***Centre de Cultura Contemporània de Barcelona. Johan van der Keuken: El cos & la ciutat – Fotografies: una exposició***

***La Paz***

Els homes i les dones vinguts de les muntanyes en barret de bolet i les seves pertinences lligades al cos: mantes i llits i ocells i
flors i ous i pots i

sota un camió una cuixa de cabra i un maniquí amb lluentors i dos nois que corren i en cada paret un mirall i la brillantor d'una dent d'or i un pobre i la càmera obre el pla

el barret al seu costat -un camí desert / al seu voltant el ciment escardat per on la gentada ha passat i una roda i un gos
que s'olora el coll torçat.

***Sarajevo***

La cara farcida de forats i l'esquena torçada de passar el rasclet i cavar la grava per plantar el foc d'armes i recollir les butxaques de la paret / per on els nois corren i

recullen la llenya i l'aigua i la farina i l'oli i un per a un desapareixen en soterranis i armaris i tancaments –a batzegades curtes– les cames debatent-se

en el maleït zigzaguejat de la plaça –pop-pop-pop– com si fossin conills boten i s'escapoleixen com rates i quan cauen... i quan cauen... i quan

cauen...

***New York: 42nd Street & 8th Avenue***

Cada finestra tancada és un teló de fons brillant i lacat per fer una processó o un joc de cadires musicals on els qui hi juguen s'han de moure i el plafó vermell emmarca un noi tafaner que coqueteja i menja el seu Big Mac amb ganes i contra el plafó blau un client amb els seus fills i un carretó de la compra i homes que escuren el terra i el verd no té temps per una mirada o una cigarreta o una conversa i el groc està sempre en un altre lloc i una noia jove riu de bajanades des del seu «escarabat» i els ressagats deambulen i gallegen i alguns caminen en el seu lloc i el ritme creix i la ciutat no s'esperarà i l'orquestra... continua tocant.

**#172**

***Chicken Roll-ups @ Carns Selectes – Rabasseda***

I often come with the early crowd & wait my turn for today's 'Especialidad' or this weekend's 'Not to be missed' & when I ask she smiles her disarming smile & proceeds to explain the proper preparation of this delicate roll of chicken stuffed with ham & cheese & snugly tucked in its own thin skin & I listen & ask her to repeat only once & at four hundred degrees with a dash of oil & onion & garlic & maybe a touch of hot paprika – in twenty minutes there's a succulent roasted loaf.

She's tall for someone from this part of Spain as are her brothers . . . they are a family & "Hello" & "How are you?" & 'See you soon again" is their trademark as is the quality of all their other & homemade fare: Gazpacho & Pulpetas & Albondigas & if they take an extra day for fiesta, we don't seem to mind & when they close a little early on Saturday, it's no bother, we'll be back & we'll wait . . . for them & for us . . . alive & well in Sant Gervasi – it's always . . . OK!

#172

***Rotllets de pollastre amb pernil i formatge i de carns selectes – Rabasseda***

Sovint arribo amb la gentada de primera hora i espero tanda per a «l'especialitat del dia» «Que ningú no se la perdi» i quan demano ella enceta un somriure encisador i continua explicant-me la manera correcta de fer aquest rotlle de pollastre farcit de pernil i formatge i perfectament ajustat i embolicat amb la seva pròpia pell i escolta i li demano que m'ho repeteixi altre cop una vegada i a quatre-cents graus afegint-li una mica d'oli i ceba i all i potser un toc de pebre picant i en trenta minuts tens una suculenta barra de carn rostida...

Ella és força alta per ser d'aquesta part d'Espanya igual que el seu marit i el seu germà... Ells són una família i «Hola» i «Com està vostè» i «Fins aviat» són marques de la casa així com la qualitat de tots els seus plats casolans: gaspatxo, popets i mandonguilles i si es prenen un dia de vacances de més a nosaltres no ens fa cap mal i quan tanquen més aviat el dissabte tampoc no ens amoïnem... Tornarem i ens esperarem... per a ells i per a nosaltres... aquí –a Sant Gervasi al final de l'estiu– està força - BÉ!

**#173**

***In Ramelleres Street: Casa de la Misericordia***

*I too have made an offering to Sisters of Mercy in another life but not the offering these nuns would find . . . left in their hands when the turn-table (torno) turned there'd be an infant in need of a bath or a meal or both . . .*

Today, the convent is gone . . . its 'torno' shut . . . a hunk of wood to mark the spot & the slot in the wall where gentlemen & ladies would leave coins . . .

*Holy mother church does not recognize birth-control but 'abstinence' will do & thank you God for your offerings . . . where, from their eager fucking, you give us their outcasts & soon to be new 'iniciates' . . .*

Imagine: 300 years of these discarded bodies – infants still yearning for a mother's milk . . . so new, their skin's barely closed over a dimpled skull – so much for the economies of love . . .

& who would know their name or their mother's name & who should tell & who could . . . & some would be nuns & others priests & sailors & masons & painters & poets too & they would take their own &

ride out of the dark & return & bless the sisters & leave a hefty gift . . . or never look back & shift from one mystery to the next – a phantom plucked from a wheel – treading water . . . a myth – a mirage . . . up & up . . . &

gone.

**#173**

## *En el carrer de les Ramelleres: Casa de la Misericòrdia*

*Jo també he de fer ofrenes a la Germana de la Misericòrdia en una altra vida però no pas l'ofrena que aquestes monges podrien trobar... deixat a les seves mans quan el torn gira i pot haver-hi un infant per banyar o per menjar o per ambdós*

En l'actualitat el convent no hi és... El torn està tancat... Un bon tros de fusta marca el lloc i el forat en la paret on els senyors i les senyores deixen monedes...

*La Santa Mare Església no reconeix el control de natalitat però si «l'abstinència» i gràcies Déu meu per les teves ofertes... allí i gràcies a la facilitat en què forniquen els altres ens dónes els descastats i que aviat seran els nous iniciats...*

Imagina: tres-cents anys d'aquests cossos descartats –infants que encara es deleixen per la llet de la mare... tan novells, la seva pell amb prou feines tancada sobre un crani bonyegut– així són els negocis de l'amor...

i qui pot saber el seu nom o el nom de la mare i qui ha de dir-ho i qui pot dirho... i algunes seran monges i altres sacerdots i mariners i paletes i pintors i poetes també i ells poden portar el seu i

sortir de la foscor i beneir a les germanes i deixar el regal pesant... O mai no mirar enrere i canviar i canviar d'un misteri a l'altre - un fantasma puntejat d'una roda - aigua per a bescanviar ... un mite - un miratge... amunt i amunt... i

fora.

**#174**

***"El Alma Del Bicho" – l'Espai: A Dance***

These two men know each other well. Have come together after many years on the run . . . possibly from others

who have misunderstood . . . They pull & push & resist & slip away & tease & it seems each one wants

what the other has but will not say . . . So they try again to speak but cannot & one comes to comfort the other &

the other whips him & they wrestle & dance & "If I carry you, will you behave?" & "If I carry you, will you conform?" &

they waltz around the questions until it seems too late & one will give in & squats naked in his grave & waits &

the other knows what he must do to save them both & does & rises over us on wings & will be born again . . . or not!

**#174**

***El Alma del Bicho – l'Espai: un ball***

Aquests dos homes es coneixen molt bé. S'han ajuntat després de molts anys d'anar pel món fugint... probablement d'altres

que els han malentès... Ells estiren i arronsen i aguanten i es deixen anar i provoquen i sembla que un d'ells vol

el que l'altre té però no s'atreveix a dir-ho... Aleshores tornen a intentar parlar però no pot ser i un s'apropa a consolar l'altre i

i l'altre el fueteja i es barallen i balles i «Si et porto en braços seràs bon minyó» i «Si et porto en braços et conformaràs?» i

segueixen amb el ball de preguntes fins que sembla massa tard i un claudica i seu arraulit i un a la seva tomba i espera i

l'altre sap el que ha de fer per salvar-los als dos i ho fa i s'alça per damunt nostre amb ales i naixerà altre cop... o no!

**#175**

***Gran Teatre del Liceu – The Resurrection: October 29, 1999***

***[Anarchism once seemed a perfect fit for Barcelona's blend of individualism & romanticism . . . & . . . it may still be . . .]***

*". . . as to the bombing of 1893: The idea that aristocrats & bourgeoisie alike shared responsibility for the economic deprivation & misery of the proletariat enabled a certain kind of idealism to flourish in Barcelona & the Liceu, in all its gild & opulence, represented the primary symbol . . . to be eradicated . . ."*

Tonight it's Gustav Mahler's Symphony Number Two in C Major the "Resurrection" which, for this brief time, dispels the memory

of the bombs of Santiago Salvador . . . hurled in the name of justice . . . to "Kill" & "Maim" & "Inflame" the 'State' . . . here

in the most innocent of harmonies . . . where all who wish to listen & to pass – may now – for the price of a light repast – cast another kind of

light in that pool of history . . .

Tonight there are no cats or dogs or bombs to howl or fall or to be hurled from these heights but the perfect range of sound offers us another life . . .

& we walk from one tier to the next to surface again in tie & tails or denim or ermine or chinos or . . . a cotton smock . . . & tonight

the state is not the ***'State'*** . . . but flourishing in pride . . . estranged from greed . . . or for this moment seems . . .

***#175***

***Gran Teatre del Liceu – La Resurrecció: 29 d'octubre de 1999***

***(L'anarquisme, per un sola vegada, va semblar perfecte per la barreja a Barcelona d'individualisme i romanticisme... i... potser encara ho és....)***

*«...Pel que fa referència a la bomba de 1893. La idea que aristòcrates i burgesos plegats van compartir la responsabilitat per la necessitat econòmica i la misèria de la classe treballadora va permetre a certa mena d'idealisme que florís a Barcelona i el Liceu amb tota la seva opulència i riquesa va representar el símbol primari... que havia d'extirpar...»*

Aquesta nit és la simfonia número dos de Gustav Mahler en C major anomenada *Resurrecció* que per uns moments fa que desapareix la memòria

de les bombes de Santiago Salvador... el llançament en el nom de la justícia.... Per a «Matar» i «Mutilar» i "Inflamar» l'estat... aquí

en la més innocent de les harmonies... En el lloc on tots volen escoltar i passar –si ara podem– pel preu d'un sopar lleuger –enfoca dins una altra visió

aquesta part de la història...

Aquesta nit no hi ha gats o gossos o bombes que bramen o cauen o s'han de superar des d'aquestes alçades però un ventall perfecte de sons ens ofereix una altra vida...

i caminem des d'una grada fins a la propera i tornem a sortir vestits de gala o texà o pell o esport o... una bata de cotó... i avui

l'estat no és l'«Estat»... però creix en orgull... lluny de la cobdícia... o de moment sembla que sigui així...

**#176**

***Sur-Perros Del Sur @ L'Espai – The Dance Group: 'Mal Pelo'***
***A Performance***

*One & two & . . . three &*
          *One & two & . . . two*
                    *One & two & . . . three & . . . One & two & . . .&*

. . . they took to sea in search of their 'Island Paradise' & manna fell from heaven & lively fish & first

he wanted her & he

          wanted her too & she

                    wanted each of them in turn & they twisted

& twirled & wound around until she had them . . . one by one . . . but the monkey chattered & the dog barked & together

they poisoned the soup . . . & another run was made to another island & another paradise & this time they came in disguise but

he wanted her again & he

          wanted her too (again) & then – he

                    wanted him & he wanted him too & she

waited her turn . . . & the dog again & the monkey & . . . they resolved to make peace & . . . one begat two begat three . . . & manna fell . . . &

fish . . .

**#176**

***L'Espai: Sur-Perros del Sur – Grup de dansa: 'Mal Pelo' . . . un performance***

*Un i dos i tres . . .*

Un trio
Una tríada
Un triumvirat

Un a tres bandes
Una troica
Un tripartit

*Un i dos . . . tres*
*Un i dos . . . tres*
*Un i dos i . . . dos i . . . Un i dos i. . . Un. . .*

Així que… van posar-se a la mar a la recerca de la seva Illa del Paradís i del cel va caure mannà i peix viu i primer

ell la volia a ella i ell

volia a ella també i ella

volia a cada un d'ella en tanda i ells giravolten

i es cargolen i giragonsen fins que ella els posseeix… un per a un… però el mico que garrula i el gos que borda i plegats

emmetzinen la sopa… i una altra corredissa va cap una altra illa i un altre paradís i aquesta vegada vénen disfressats però

ell volia tenir-la altre cop i ell

volia tenir-la també (altre cop) i aleshores - ell

volia a ell i ell el volia també i ella

volia la seva tanda… i el gos altre cop i el mico i… ells van decidir fer les paus i… una procreació dues procreacions tres… el mannà va caure… i

peix ..

**#177**

## *Day of The Dance*

*A small boy with a cast on his left arm steers his remote-controlled car through the crowded square & follows it nonchalantly down the street. Ellen scans her historical texts for a sign of the bat without a crown. I attempt my first Zarzuela . . .*

Two dancers
        aloof & alone on a roof
                come together & finish in the pond & swim in unison . . .

Another sleeps
        in the arms of the audience & caresses & is caressed & wakes with
                a start & soon . . . she will need more . . . &

*She* wants to be a car who wants to be your lover . . . ***she*** is a lover who
        becomes a car & needs to dance & does & dives into the wall . . .

& these two samba-step in tandem & lock arms with the crowd which
        surges now & parades under the bridge – arm over arm & he

naked to the waist poses & pirouettes & pockets the tossed coins &
        whirls in time to a steaming drum & she slips between his legs &

mocks him stride for stride like a pony or mare in heat rushing to loosen
        his belt & gobble the loose & flowing mane . . .

#177

***Dia de la dansa***

*Un noi jove amb el braç esquerre enguixat mou el seu cotxe de control remot a través d'una plaça plena de gent i continua amb calma cap avall del carrer. L'Ellen repassa els seus textos històrics per a un senyal del ratpenat sense corona. Jo faig un assaig per la meva primera Zarzuela...*

Dos ballarins
separats i sols en un terrat
s'apleguen i acaben en l'estany i neden a l'unísson...

Un altre dorm
en l'abraçada de l'audiència i acarona i és acaronat i es
desperta amb una estrella i aviat... a ella li caldrà molt... i

**Ella** vol ser un cotxe i vol ser el teu amant... ella és una amant que es converteix en un cotxe i li cal ballar i ho fa i es cabussa dins la paret...

i aquesta samba de dues passes en tàndem i braços agafats amb la gent que ara surt i parades sota el pont - de bracet i ell

despullat fins a la cintura fa poses i cabrioles i es posa a la butxaca les monedes i giragonsa a temps fins un tambor que treu fum i ella s'esmuny entre les cames d'ell i

es burla d'ell pas per pas com una haca o una egua en zel que corre a descordar-li el cinturó i endrapar-se la fluixa i caiguda crina

#178

*Women*

There's a woman with gleaming blond hair who plays the Viola & distracts
the most attentive audience &

a young girl with auburn curls & able hands who fillets the chicken's breast
just so & the hooker

who knows what she will do & what she will not & the woman who sells
bananas & could care less &

another who chuckles when you cannot pronounce the names of the wild
mushrooms but will let you sample her tomato &

pay later . . . & the woman who sweeps in her orange jump-suit & whistles
& smokes cigars & Nuria who runs the photo lab & will give you a gift

if you're unprepared & won't if you're not & Erica who has found a home
with the nuns & panhandles for change &

the rest will cut you off on the stair or at the counter or through the door &
when you offer a seat on a crowded bus . . . will smile &

decline & don't wonder & don't object . . . they have a plan & share the
rules but not with you . . . especially

if you're a man & suspect & haven't declared which side you're on or what
you will bring to the part or contribute at home . . .

***#178***

*Dones*

Hi ha una dona amb uns brillants cabells rossos que toca la viola i distreu la més seriosa part del públic

una noia jove amb uns cabells de caoba i mans hàbils talla els pits de pollastre molt bé i la puta

que sap el que farà i el que no farà i la dona que ven plàtans i no l'importa gens i

un altre que s'escanya quan no pot pronunciar els noms dels bolets de bosc però si et deixarà tastar els seu tomàquet i

pagar més tard... i la dona que escombra amb la granota de feina taronja i xiula i fuma havans i Núria que fa que el laboratori de fotografies rutlli i que et donarà un regal

si no estàs preparat i no te'l donarà si ho estàs i Erica que ha trobat casa amb les monges i demanar una moneda per almoina i

la resta que et tallaran el pas per l'escala o al taulell o a través de la porta i quan els ofereixes una seient en un autobús ple de gent... deixaran anar un somriure i

no voldran i no t'amoïnis i no els contradiguis... Ells tenen un pla i comparteixen les regles de joc però no amb tu... especialment

si tu ets un home i sospitós i no has declarat a quina banda estàs o que hi fas allí o si contribueixes amb la part que et toca a casa teva...

## *Contents*


#1 *Father* 8
#2 *Twenty-Six March* 10
#3 *Like A Ghost* 12
#4 *Walking Around* 14
#5 *Ice & Roses* 16
#6 *Astute* 18
#7 *Construction Zone* 20
#8 *Palm Sunday* 22
#9 *Voyeur* 24
#10 *What . . .?* 26
#11 *The Visit* 28
#12 *Stowaway* 30
#13 *Fiesta Sant Jordi . . . Flowers . . . Flags . . . Books* 32
#14 *On The Wing* 34
#15 *Mute* 36
#16 *Miquel Barcelo – An Exhibition: 1987 – 1997* 38
#17 *Old News* 40
#18 *The Recipe* 42
#19 *I Spy* 44
#20 *@ The Museum* 46
#21 *The Body: Fundacio Joan Miro – An Exhibition* 48
#22 *Tita Avendano* 50
#23 *They swarm* 52
#24 *On The Metro* 54
#25 *Reckoning* 56
#26 *Dancers* 58
#27 *Remembering Toni* 60
#28 *My Neighbor* 62
#29 *The Beach – One* 64
#30 *Tripping* 66
#31 *In Sant Gervasi* 68
#32 *Scorpions* 70
#33 *TV Sunday* 72
#34 *He* 74
#35 *Plague* 76
#36 *Urine* 78
#37 *Spare Change* 80
#38 *Paul Delvaux: An Exhibition* 82
#39 *Jayhawkers* 84
#40 *The Fountains of Montjuic* 86
#41 *August – One* 88
#42 *In This Dream* 90
#43 *Fathers & Sons* 92
#44 *Manel Camp "Jazz Quartet"* 94
#45 *@ Tasca Marcelino* 96
#46 *Festa Major – Gracia* 98
#47 *August – Two* 100
#48 *Wine* 102
#49 *Crank It On!* 104
#50 *Street Dance* 106
#51 *The Beach – Two* 108
#52 *Dog* 110

## *Taula*


*#1 Pare* 9
*#2 Vint-i-sis de març* 11
*#3 Com un fantasma* 13
*#4 Tot fent un volt* 15
*#5 Roses i gel* 17
*#6 Astut* 19
*#7 Zona d'obres* 21
*#8 Diumenge de Rams* 23
*#9 Voyeur* 25
*#10 Què* 27
*#11 La visita* 29
*#12 Polissó* 31
*#13 Festa de Sant Jordi. . . Flors. . . Banderoles. . . Llibres* 33
*#14 A l'ala* 35
*#15 Mut* 37
*#16 Miquel Barceló. Una exposició: 1987 – 1997* 39
*#17 Velles notícies* 41
*#18 La recepta* 43
*#19 Espio* 45
*#20 @ el museu* 47
*#21 Fundació Miró: una exposició* 49
*#22 Tita Avendano* 51
*#23 Els lladres* 53
*#24 En el metro* 55
*#25 Passar comptes* 57
*#26 Ballar* 59
*#27 Tot recordant en Toni* 61
*#28 La meva veïna* 63
*#29 La platja (I)* 65
*#30 De viatge* 67
*#31 A Sant Gervasi* 69
*#32 Escorpins* 71
*#33 Diumenge TV* 73
*#34 Ell* 75
*#35 Plaga* 77
*#36 Orina* 79
*#37 Xavalla* 81
*#38 Paul Delvaux: una exposició* 83
*#39 Ocellots* 85
*#40 Fonts de Montjuïc* 87
*#41 Primer. . . d'agost* 89
*#42 En aquest somni* 91
*#43 Pares i fills* 93
*#44 Manel Camp «Jazz Quartet»* 95
*#45 A la Tasca Marcelino* 97
*#46 Festa Major de Gràcia* 99
*#47 Agost. . . dos* 101
*#48 Vi* 103
*#49 Marejar la perdiu* 105
*#50 Ball de carrer* 107
*#51 La platja (II)* 109
*#52 Gos* 111

#53 Fashion Cafè In Aragon Street 112
#54 In The Time Of Lone Men Walking 114
#55 Dental Affair 116
#56 In Those Days 118
#57 Galvany Market 120
#58 Santa Eulalia 122
#59 Santa Llucia 124
#60 Lunch With A Young Friend 126
#61 Sunday Afternoon In Gracia 128
#62 O'Brindis 130
#63 Montjuic – The Cemetery 132
#64 Generations 134
#65 Alchemists Who Take The Sun 136
#66 September 11 138
#67 Trees 140
#68 Festa Major de Barcelona: "els Castellers" 142
#69 Sixty – Nine 144
#70 Festa Major de Barcelona: "Gegants, Capgrossos & Bastoners" 146
#71 Festa Major de Barcelona: Night 148
#72 Dreams Of Ron 150
#73 . . . For All That 152
#74 Festa Major de Barcelona: "Correfoc" @ Catedral de Barcelona 154
#75 Equus Catalunya: An Exhibition 156
#76 Coffee 158
#77 Storm 160
#78 Voices: Fundacio Joan Miro – An Exhibition 162
#79 . . . Boots Of Spanish Leather 164
#80 Albrecht Durer: An Exhibition 166
#81 . . . Thoughts of Andrea 168
#82 At Palau de la Musica: Ives, Neikrug & Copland – A Performance 170
#83 More . . . Thoughts of Andrea 172
#84 International Festival of Erotic Film – Barcelona 174
#85 Innocence Lost 176
#86 Museu D'Art Contemporani: Out of Actions / Between Performance and the Object, 1949-1979 178
#87 La Festa de la Castanada / All Saint's Day 182
#88 Sweepers In Winter 184
#89 The Woman Alone 186
#90 @ Luz de Gas 188
#91 On A Clear Day 190
#92 Magritte: Fundacio Joan Miro – An Exhibition 192
#93 Snow 194
#94 Parting 196
#95 Christmas: "Los Coganers" de Barcelona 198
#96 Two Men Seem 200
#97 Home Coming 202
#98 Gracia: Festa de St. Antonio 204
#99 Gracia: Plaza Ruis i Taulet – The Bell-Tower Clock 206
#100 Fruits & Vegetables 208
#101 The Woman In Mink 210
#102 From Where I Sit 212
#103 @ Els Quatre Gats 214
#104 Figueres: "Theatre-Museu Dali" 216
#105 Girona: 'The Call' 218

| | | |
|---|---|---|
| #53 | *Fashion Café (al carrer d'Aragó)* | 113 |
| #54 | *A l'hora d'homes que passegen sols* | 115 |
| #55 | *Assumpte dental* | 117 |
| #56 | *En aquell temps* | 119 |
| #57 | *Mercat Galvany* | 121 |
| #58 | *Santa Eulàlia* | 123 |
| #59 | *Santa Llúcia* | 125 |
| #60 | *Dinar amb una amiga jove* | 127 |
| #61 | *Migdia de diumenge a Gràcia* | 129 |
| #62 | *O'Brindis* | 131 |
| #63 | *Cementiri de Montjuïc* | 133 |
| #64 | *Generacions* | 135 |
| #65 | *Alquimistes que prenen el sol* | 137 |
| #66 | *11 de setembre* | 139 |
| #67 | *Arbres* | 141 |
| #68 | *Festa Major de Barcelona: el castellers* | 143 |
| #69 | *Sixty – Nine* | 145 |
| #70 | *Festa Major de Barcelona: gegants, nans, cap-grossos & bastoners* | 147 |
| #71 | *Festa Major de Barcelona: la nit* | 149 |
| #72 | *Somnis d'en Ron* | 151 |
| #73 | *. . . Per a tot això* | 153 |
| #74 | *Festa Major de Barcelona: correfoc@catedral de Barcelona* | 155 |
| #75 | *Equus Catalonia: una exposició* | 157 |
| #76 | *Cafè* | 159 |
| #77 | *Tempesta* | 161 |
| #78 | *Veus: Fundació Joan Miró. Una Exposició* | 163 |
| #79 | *. . . Botes de pell espanyola* | 165 |
| #80 | *Albrecht Durer: una exposició* | 167 |
| #81 | *. . . Pensament de l'Andrea* | 169 |
| #82 | *Al Palau de la Música: Ives, Neikrug & Copland – Una interpretació* | 171 |
| #83 | *Més... pensament de l'Andrea* | 173 |
| #84 | *Festival internacional de cine eròtic de Barcelona* | 175 |
| #85 | *Innocència perduda* | 177 |
| #86 | *Museu d'Art Contemporani: Fora d'accions / Entre el performance i l'objecte, 1949-1979* | 179 |
| #87 | *La festa de la Castanyada / dia de Tots Sants* | 183 |
| #88 | *Escombriaires a l'hivern* | 185 |
| #89 | *La dona sola* | 187 |
| #90 | *Luz de gas* | 189 |
| #91 | *En un dia clar* | 191 |
| #92 | *Fundació Miró. Magritte: una exposició* | 193 |
| #93 | *Neu* | 195 |
| #94 | *Partida* | 197 |
| #95 | *Festes de Nadal: els caganers de Barcelona* | 199 |
| #96 | *Semblen dos homes* | 301 |
| #97 | *Tornada a casa* | 303 |
| #98 | *Gràcia: festa de Sant Antoni* | 305 |
| #99 | *Gràcia: plaça Rius i Taulet. El rellotge del campanar.* | 307 |
| #100 | *Fuites i verdures* | 309 |
| #101 | *La dona amb visó* | 311 |
| #102 | *Des d'on estic assegut* | 313 |
| #103 | *Als Quatre gats* | 315 |
| #104 | *Figueres: Teatre-Museu Dalí* | 317 |
| #105 | *Girona: el Call* | 319 |

#106 *". . . Narradors d'Histories": Fundacio "La Caixia" – An Exhibition* 220
#107 *Hotel / Pension* 222
#108 *Matta: Centre Cultural Caixa Catalunya – An Exhibition* 224
#109 *Carnival '99* 226
#110 *There's An Old Man At A Bus Stop* 228
#111 *22 February 1999* 230
#112 *Ian Hamilton Finlay: Fundacio Joan Miro – An Exhibition* 232
#113 *Merce Cunningham: Fundacio Antoni Tapies –An Exhibition* 234
#114 *Eye To Eye* 236
#115 *Cava: An Advertisement* 238
#116 *Festa San Medir – March 3rd – Gracia* 240
#117 *Sunday: Jardins Del Poeta Eduard Marquina – Contemplating Departure* 242
#118 *Soccer . . . In Masculine & Feminine Time* 244
#119 *The Gymnasium – Piscines Bernat Picornell* 246
#120 *Music You Know But Can Never Find* 248
#121 *Diferent – Carol Dilley & cia @ l'Espai – A Performance* 250
#122 *Jazz Festival @ Terrassa . . . Spring Equinox* 252
#123 *Palm Sunday '99* 254
#124 *Holy Week '99 – In Valencia . . .* 256
#125 *Tas Keta: The Restaurant – Holy Week – Valencia '99* 260
#126 *Infirmities* 262
#127 *'quan ses bistis volaven' . . . l'Espai – Dance #6 . . . They* 264
#128 *"Barcelona! Take Back Your Foot-Paths!"* 266
#129 *The Girl With Lavender Hair* 268
#130 *"La Fotographia Pictorialista En Espana 1900–1936" – An Exhibition* 270
#131 *'Trans Fugues' @ L'Espai: Barcelona – 1999: A Performance*
*From the Shadow Comes* 272
#132 *Festa Sant Jordi: Flowers . . . Flags . . . Books [#2 – 1999]* 274
#133 *Barnasex: An Exhibition* 276
#134 *Marc Chagall @ Centre Cultural Caixa Catalunya – An Exhibition* 278
#135 *W. Eugene Smith: Photographic Essays*
*Museu Nacional D'art De Catalunya – An Exhibition* 280
#136 *Joan Colom: Photos & Film*
*Museu Nacional D'art De Catalunya – An Exhibition* 282
#137 *Swimming With Sharks: Piscines Bernat Picornell* 284
#138 *In The Time of Unusual Calm* 286
#139 *Grand Via: The Shop of Marcelo Vila* 288
#140 *Let The Camera Do The Talking*
*After Tracey Moffatt: Fundacio "la Caixa" May 1999: An Exhibition* 290
#141 *The Funeral of Jordi Maragall* 292
#142 *The Cook, The Food & The Power* 294
#143 *Summer: Working It* 296
#144 *The Club* 298
#145 *& In The End . . .* 300
#146 *Classical Radio – Barcelona*
*While Listening To Dvorak's Symphony #9 'From The New World'* 302
#147 *Election Day: Sunday June 13, 1999* 306
#148 *In The Street* 308
#149 *We Share A Bedroom* 310
#150 *Festa Sant Joan – Night & The Fires & Discovering Colometa** 312
#151 *There's An Urgency . . . In Them* 314
#152 *Summer Sunday: Jardins de Moragas* 316
#153 *Letter To Neil From Tossa de Mar* 318
#154 *Aribau – July '99* 320

#106 *Fundació "la Caixa"... Narradors d'històries: una exposició* 221
#107 *Hotel / pensió* 223
#108 *Centre Cultural Caixa Catalunya ... Matta: una exposició* 225
#109 *Carnestoltes 1999* 227
#110 *Hi ha un home gran a la parada d'autobús* 229
#111 *22 de febrer de 1999* 231
#112 *Fundació Joan Miró. Ian Hamilton Finlay: una exposició llibertat, igualtat... eternitat* 233
#113 *Fundació Antoni Tapies. Mercè Cunningham: una exposició* 235
#114 *Ull per ull* 237
#115 *Cava: un anunci de televisió* 239
#116 *Festival de Sant Medir 3 de març / Gràcia* 241
#117 *Diumenges: Jardins del poeta Eduard Marquina / contemplem la sortida* 243
#118 *Futbol... En temps masculí i femení* 245
#119 *Sala de peses – Piscines Bernat Picornell* 247
#120 *Música que coneixes, però que mai no pots trobar* 249
#121 *L'espai: Diferent – Carol Dilley & cia. – un performance* 251
#122 *Jazz festival@Terrassa... Equinocci de primavera* 253
#123 *Diumenge de Rams 1999* 255
#124 *Setmana Santa de 1999 –València...* 257
#125 *Tas Keta: el restaurant – Setmana Santa – València 1999* 269
#126 *Infermeries* 261
#127 *L'espai – dance #6 «quan ses bistis volaven»...* 263
#128 *«Barcelona! reprenem els camins!»* 267
#129 *La noia amb cabells d'espígol* 269
#130 *La Fotografia Pictorialista a Espanya 1900 – 1936: una exposició* 271
#131 *«Trànsfugues»@L'Espai: Barcelona – 1999: un performance* 273
#132 *Festa de Sant Jordi: flors... Senyeres... Llibres [#2 – 1999]* 275
#133 *Barnasex: una exhibició* 277
#134 *Exposició de Marc Chagall@Centre Cultural Caixa Catalunya* 279
#135 *W. Eugene Smith: assaigs fotogràfics Una exposició: Museu Nacional d'Art de Catalunya* 281
#136 *Joan Colom: fotografies & pel·lícula Una Exposició: Museu Nacional d'Art de Catalunya* 283
#137 *Neden entre taurons: piscines Bernat Picornell* 285
#138 *En el temps poc corrent de molta calma* 287
#139 *Gran Via: la botiga de Marcelo Vila* 289
#140 *Deixa que la càmera parli* 291
#141 *El funeral de Jordi Maragall* 293
#142 *El cuiner, el menjar i el poder* 295
#143 *Estiu: fent-lo servir* 297
#144 *El club* 299
#145 *El darrer...* 301
#146 *Radio Clàssica: Mentre escolto a la Novena Simfonia de Dvorak Des d'un nou món* 303
#147 *Dia d'eleccions: diumenge, 13 de juny de 1999* 305
#148 *Al carrer* 309
#149 *Compartim un dormitori* 311
#150 *La revetlla de Sant Joan – nit i les fogates i descobrir Colometa* 313
#151 *Dins ells... hi ha una urgència* 315
#152 *Diumenges al matí: Jardins de Moragas* 317
#153 *Carta a Neil des de Tossa de Mar* 319
#154 *Aribau – juliol 1999* 321

#155 *Deschamp's Gallery: In The Painting* 322
#156 *'Contemporary Visions' – Fundacio Ramon Trias Fargas: Poetry & Jazz* 324
#157 *Casa Fernandez: Santalo 46* 326
#158 *Three Exhibits: Prague / Odradek * / Fellow Travelers* 328
#159 *Origins: Barcino / Barcelona*
*Museu d'Historia de la Ciutat* 330
#160 *@ JosÈ Louis* 332
#161 *& Why Now?* 334
#162 *The Adventures of Roger De Flor & Other Barbarous Acts* 336
#163 *Mothers & Sons* 338
#164 *Montserrat . . . La Moreneta: our lady of montserrat* 340
#165 *September & How . . .* 342
#166 *Treasures of The Tervuren Museum: 'Masterpieces From Central Africa'*
*Fundacio Caixa Catalunya – An Exhibition* 344
#167 *Garden of Love: Erotic Art From European Collections*
*Palau de la Virreina – An Exhibition* 346
#168 *Two Drunks* 348
#169 *Miguel Rio Branco: Slide-Montage – Fundacio "la caixa"–An Exhibition*
*Between the Eyes, the Desert . . .* 350
#170 *La MercÈ #2 . . . 1999* 352
#171 *Johan van der Keuken Body & City – Photographs*
*Centre de Cultura Contemporania de Barcelona – An Exhibition* 354
#172 *Chicken Roll-ups @ Carns Selectes – Rabasseda* 356
#173 *In Ramelleres Street: Casa de la Misericordia* 358
#174 *"El Alma Del Bicho" – l'Espai: A Dance* 360
#175 *Gran Teatre del Liceu – The Resurrection: October 29, 1999* 362
#176 *Sur-Perros Del Sur @ L'Espai – The Dance Group: 'Mal Pelo'*
*A Performance* 364
#177 *Day of The Dance* 366
#178 *Women* 368

#155 *Sala Deschamps: en la pintura* 323
#156 *Fundació Ramon Trias Fargas: Visions Contemporànies: Poesia & Jazz* 325
#157 *Casa Fernández: Santaló, 46* 327
#158 *Tres exposicions: Praga / Odradek / Companys de Viatge* 329
#159 *Orígens: Barcino / Barcelona. Museu d'Història de la Ciutat. Centre de Cultura Contemporània de Barcelona* 331
#160 *A José Luis* 333
#161 *I, ara per què?* 335
#162 *Les aventures de Roger de Flor i altres actes barbàrics* 337
#163 *Mares i fills* 339
#164 *Montserrat. . . La Moreneta: nostra senyora de Montserrat* 341
#165 *Setembre i com* 343
#166 *Fundació Caixa Catalunya: una exposició Tresors del museu de Tervuren: «Peces mestres d'Àfrica central».* 345
#167 *Jardí d'Eros: art eròtic en col·leccions europees Palau de la Virreina: Centre Cultural Tecla Sala – Una exposició* 347
#168 *Dos homes ebris* 349
#169 *Fundació "la Caixa". Miguel Río Branco: muntatge de diapositives – Una exposició* 351
#170 *La Mercè #2. . . 1999* 353
#171 *Centre de Cultura Contemporània de Barcelona: Johan van der Keuken El cos & la ciutat – Fotografies: una exposició* 355
#172 *Rotllets de pollastre amb pernil i formatge i de carns selectes–Rabasseda* 357
#173 *En el carrer dels Ramelleres: Casa de la Misericòrdia* 359
#174 *El Alma del Bicho – l'Espai: un ball* 361
#175 *Gran Teatre del Liceu – La Resurrecció: 29 d'octubre de 1999* 363
#176 *L'espai: Sur-Perros del Sur – Grup de dansa: 'Mal Pelo' . . . un performance* 365
#177 *Dia de la dansa* 367
#178 *Dones* 369